道路交通执法简明实用手册

《道路交通执法简明实用手册》编写组◎编

中国法治出版社
CHINA LEGAL PUBLISHING HOUSE

编写说明

INTRODUCTION

道路交通执法不仅是处罚违法行为，更是构建“生命至上、规则共守”的交通文明生态的核心支撑。为便于广大读者学习道路交通执法程序，结合法条内容及阅读习惯，我们全新打造了《道路交通执法简明实用手册》一书。本书秉承编排科学、新颖、实用的特点，在确保法律文本准确的基础上，以《中华人民共和国道路交通安全法》为主线，结合《中华人民共和国道路交通安全法实施条例》等规定，旨在为驾驶人员、交通参与者提供清晰易懂的执法流程指引，为交通执法工作者提供规范实用的操作指南，帮助公众快速理解权利义务、化解执法疑虑，助力执法人员提升执法效率与规范性，最终实现“人人守法、路畅人安”的社会治理目标。

由于编者水平有限，不足之处敬请广大读者批评指正。“弘扬法治文化，铸就法治精神。”读者可登录中国法治出版社网站https://www.zgfzs.com/或者关注微信公众号“中国法治出版社”获取更多新书资讯。

本书编写组

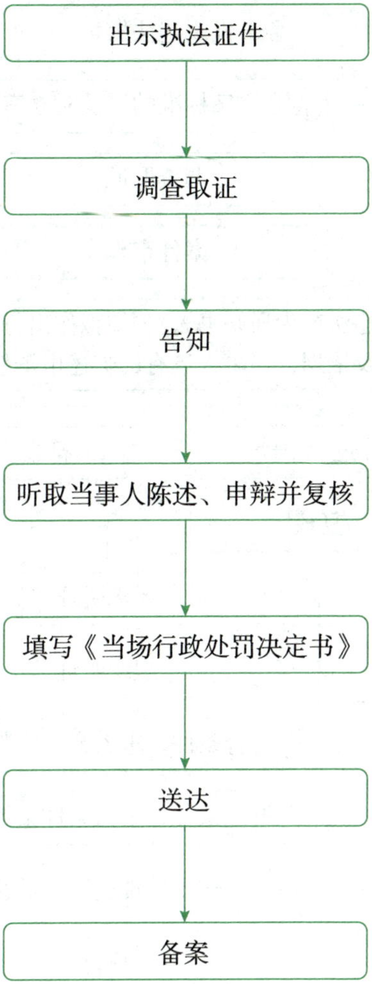

行政处罚简易程序流程图

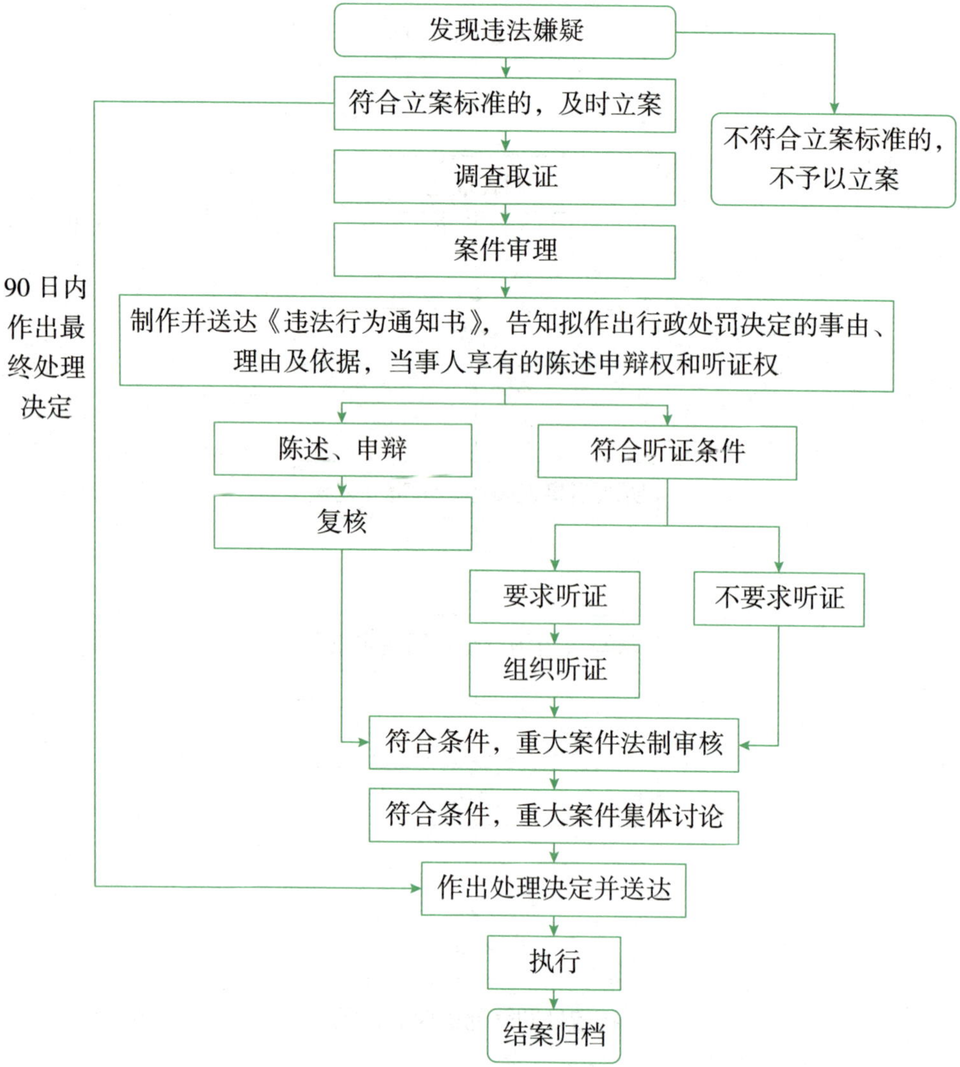

行政处罚普通程序流程图

目录

CONTENTS

第一编　道路交通基础法律规定

第一章　车辆和驾驶人 …… 4

第一节　机动车、非机动车管理 …… 4

第二节　特殊车辆管理 …… 22

一、危险化学品运输车辆管理 …… 22

二、超限运输车辆管理 …… 26

三、放射性物品道路运输管理 …… 42

四、校车管理 …… 54

第三节　机动车驾驶人管理 …… 61

第二章　道路通行条件 …… 77

第三章　道路通行规定 …… 82

第一节　一般规定 …… 82

第二节　机动车通行规定 …… 84

第三节　非机动车通行规定 …… 97

第四节　行人和乘车人通行规定 …… 101

第五节　高速公路的特别规定 …… 103

第四章　法律责任 …… 107

第一节　民事责任 …… 107

第二节　行政责任 …… 117

第三节　刑事责任 …… 138

第二编　道路交通执法程序规定

第五章　道路交通执法一般程序……144
第一节　管辖……144
第二节　调查取证……146
第三节　行政强制措施的适用……151
第四节　行政处罚……159
一、行政处罚的决定……159
二、行政处罚的执行……169
第六章　交通事故处理……171
第一节　管辖……171
第二节　报警和受案……172
第三节　自行协商……177
第四节　简易程序……179
第五节　调查……181
一、一般规定……181
二、现场处置和调查……182
三、交通肇事逃逸查缉……189
四、检验、鉴定……191
第六节　认定与复核……196
一、道路交通事故认定……196
二、复核……201
第七节　处罚执行……205
第八节　损害赔偿调解……206
第九节　涉外道路交通事故处理……213
第七章　执法监督……216

第一编

道路交通基础法律规定

准驾车型及代号

<table>
<tr><th>准驾车型</th><th>代号</th><th>准驾的车辆</th><th>准予驾驶的其他准驾车型</th></tr>
<tr><td>大型客车</td><td>A1</td><td>大型载客汽车</td><td>A3、B1、B2、C1、C2、C3、C4、M</td></tr>
<tr><td>重型牵引挂车</td><td>A2</td><td>总质量大于4500kg的汽车列车</td><td>B1、B2、C1、C2、C3、C4、C6、M</td></tr>
<tr><td>城市公交车</td><td>A3</td><td>核载10人以上的城市公共汽车</td><td>C1、C2、C3、C4</td></tr>
<tr><td>中型客车</td><td>B1</td><td>中型载客汽车（含核载10人以上、19人以下的城市公共汽车）</td><td rowspan="2">C1、C2、C3、C4、M</td></tr>
<tr><td>大型货车</td><td>B2</td><td>重型、中型载货汽车；重型、中型专项作业车</td></tr>
<tr><td>小型汽车</td><td>C1</td><td>小型、微型载客汽车以及轻型、微型载货汽车；轻型、微型专项作业车</td><td>C2、C3、C4</td></tr>
<tr><td>小型自动挡汽车</td><td>C2</td><td>小型、微型自动挡载客汽车以及轻型、微型自动挡载货汽车；轻型、微型自动挡专项作业车；上肢残疾人专用小型自动挡载客汽车</td><td></td></tr>
<tr><td>低速载货汽车</td><td>C3</td><td>低速载货汽车</td><td>C4</td></tr>
<tr><td>三轮汽车</td><td>C4</td><td>三轮汽车</td><td></td></tr>
<tr><td>残疾人专用小型自动挡载客汽车</td><td>C5</td><td>残疾人专用小型、微型自动挡载客汽车（允许上肢、右下肢或者双下肢残疾人驾驶）</td><td></td></tr>
</table>

续表

准驾车型	代号	准驾的车辆	准予驾驶的其他准驾车型
轻型牵引挂车	C6	总质量小于（不包含等于）4500kg的汽车列车	
普通三轮摩托车	D	发动机排量大于50ml或者最大设计车速大于50km/h的三轮摩托车	E、F
普通二轮摩托车	E	发动机排量大于50ml或者最大设计车速大于50km/h的二轮摩托车	F
轻便摩托车	F	发动机排量小于等于50ml，最大设计车速小于等于50km/h的摩托车	
轮式专用机械车	M	轮式专用机械车	
无轨电车	N	无轨电车	
有轨电车	P	有轨电车	

第一章　车辆和驾驶人

第一节　机动车、非机动车管理

《道路交通安全法》[①]

第八条　国家对机动车实行登记制度。机动车经公安机关交通管理部门登记后，方可上道路行驶。尚未登记的机动车，需要临时上道路行驶的，应当取得临时通行牌证。

第九条　申请机动车登记，应当提交以下证明、凭证：

（一）机动车所有人的身份证明；

（二）机动车来历证明；

（三）机动车整车出厂合格证明或者进口机动车进口凭证；

（四）车辆购置税的完税证明或者免税凭证；

---

① 《中华人民共和国道路交通安全法》（本书简称《道路交通安全法》），2003年10月28日第十届全国人民代表大会常务委员会第五次会议通过，根据2007年12月29日第十届全国人民代表大会常务委员会第三十一次会议《关于修改〈中华人民共和国道路交通安全法〉的决定》第一次修正，根据2011年4月22日第十一届全国人民代表大会常务委员会第二十次会议《关于修改〈中华人民共和国道路交通安全法〉的决定》第二次修正，根据2021年4月29日第十三届全国人民代表大会常务委员会第二十八次会议《关于修改〈中华人民共和国道路交通安全法〉等八部法律的决定》第三次修正。

（五）法律、行政法规规定应当在机动车登记时提交的其他证明、凭证。

公安机关交通管理部门应当自受理申请之日起五个工作日内完成机动车登记审查工作，对符合前款规定条件的，应当发放机动车登记证书、号牌和行驶证；对不符合前款规定条件的，应当向申请人说明不予登记的理由。

公安机关交通管理部门以外的任何单位或者个人不得发放机动车号牌或者要求机动车悬挂其他号牌，本法另有规定的除外。

机动车登记证书、号牌、行驶证的式样由国务院公安部门规定并监制。

第十条　准予登记的机动车应当符合机动车国家安全技术标准。申请机动车登记时，应当接受对该机动车的安全技术检验。但是，经国家机动车产品主管部门依据机动车国家安全技术标准认定的企业生产的机动车型，该车型的新车在出厂时经检验符合机动车国家安全技术标准，获得检验合格证的，免予安全技术检验。

第十一条　驾驶机动车上道路行驶，应当悬挂机动车号牌，放置检验合格标志、保险标志，并随车携带机动车行驶证。

机动车号牌应当按照规定悬挂并保持清晰、完整，不得故意遮挡、污损。

任何单位和个人不得收缴、扣留机动车号牌。

第十二条 有下列情形之一的，应当办理相应的登记：

（一）机动车所有权发生转移的；

（二）机动车登记内容变更的；

（三）机动车用作抵押的；

（四）机动车报废的。

第十三条 对登记后上道路行驶的机动车，应当依照法律、行政法规的规定，根据车辆用途、载客载货数量、使用年限等不同情况，定期进行安全技术检验。对提供机动车行驶证和机动车第三者责任强制保险单的，机动车安全技术检验机构应当予以检验，任何单位不得附加其他条件。对符合机动车国家安全技术标准的，公安机关交通管理部门应当发给检验合格标志。

对机动车的安全技术检验实行社会化。具体办法由国务院规定。

机动车安全技术检验实行社会化的地方，任何单位不得要求机动车到指定的场所进行检验。

公安机关交通管理部门、机动车安全技术检验机构不得要求机动车到指定的场所进行维修、保养。

机动车安全技术检验机构对机动车检验收取费用，应当严格执行国务院价格主管部门核定的收费标准。

第十四条　国家实行机动车强制报废制度，根据机动车的安全技术状况和不同用途，规定不同的报废标准。

应当报废的机动车必须及时办理注销登记。

达到报废标准的机动车不得上道路行驶。报废的大型客、货车及其他营运车辆应当在公安机关交通管理部门的监督下解体。

第十五条　警车、消防车、救护车、工程救险车应当按照规定喷涂标志图案，安装警报器、标志灯具。其他机动车不得喷涂、安装、使用上述车辆专用的或者与其相类似的标志图案、警报器或者标志灯具。

警车、消防车、救护车、工程救险车应当严格按照规定的用途和条件使用。

公路监督检查的专用车辆，应当依照公路法的规定，设置统一的标志和示警灯。

第十六条　任何单位或者个人不得有下列行为：

（一）拼装机动车或者擅自改变机动车已登记的结构、构造或者特征；

（二）改变机动车型号、发动机号、车架号或者车辆识别代号；

（三）伪造、变造或者使用伪造、变造的机动车登记证书、号牌、行驶证、检验合格标志、保险标志；

（四）使用其他机动车的登记证书、号牌、行驶证、检验合格标志、保险标志。

第十七条 国家实行机动车第三者责任强制保险制度，设立道路交通事故社会救助基金。具体办法由国务院规定。

第十八条 依法应当登记的非机动车，经公安机关交通管理部门登记后，方可上道路行驶。

依法应当登记的非机动车的种类，由省、自治区、直辖市人民政府根据当地实际情况规定。

非机动车的外形尺寸、质量、制动器、车铃和夜间反光装置，应当符合非机动车安全技术标准。

《道路交通安全法实施条例》[①]

第四条 机动车的登记，分为注册登记、变更登记、转移登记、抵押登记和注销登记。

第五条 初次申领机动车号牌、行驶证的，应当向机动车所有人住所地的公安机关交通管理部门申请注册登记。申请机

① 《中华人民共和国道路交通安全法实施条例》（本书简称《道路交通安全法实施条例》），2004年4月30日中华人民共和国国务院令第405号公布，根据2017年10月7日《国务院关于修改部分行政法规的决定》修订。

动车注册登记，应当交验机动车，并提交以下证明、凭证：

（一）机动车所有人的身份证明；

（二）购车发票等机动车来历证明；

（三）机动车整车出厂合格证明或者进口机动车进口凭证；

（四）车辆购置税完税证明或者免税凭证；

（五）机动车第三者责任强制保险凭证；

（六）法律、行政法规规定应当在机动车注册登记时提交的其他证明、凭证。

不属于国务院机动车产品主管部门规定免予安全技术检验的车型的，还应当提供机动车安全技术检验合格证明。

第六条　已注册登记的机动车有下列情形之一的，机动车所有人应当向登记该机动车的公安机关交通管理部门申请变更登记：

（一）改变机动车车身颜色的；

（二）更换发动机的；

（三）更换车身或者车架的；

（四）因质量有问题，制造厂更换整车的；

（五）营运机动车改为非营运机动车或者非营运机动车改为营运机动车的；

（六）机动车所有人的住所迁出或者迁入公安机关交通管理部门管辖区域的。

申请机动车变更登记，应当提交下列证明、凭证，属于前款第（一）项、第（二）项、第（三）项、第（四）项、第（五）项情形之一的，还应当交验机动车；属于前款第（二）项、第（三）项情形之一的，还应当同时提交机动车安全技术检验合格证明：

（一）机动车所有人的身份证明；

（二）机动车登记证书；

（三）机动车行驶证。

机动车所有人的住所在公安机关交通管理部门管辖区域内迁移、机动车所有人的姓名（单位名称）或者联系方式变更的，应当向登记该机动车的公安机关交通管理部门备案。

第七条 已注册登记的机动车所有权发生转移的，应当及时办理转移登记。

申请机动车转移登记，当事人应当向登记该机动车的公安机关交通管理部门交验机动车，并提交以下证明、凭证：

（一）当事人的身份证明；

（二）机动车所有权转移的证明、凭证；

（三）机动车登记证书；

（四）机动车行驶证。

第八条 机动车所有人将机动车作为抵押物抵押的，机动车所有人应当向登记该机动车的公安机关交通管理部门申请抵押登记。

第九条　已注册登记的机动车达到国家规定的强制报废标准的，公安机关交通管理部门应当在报废期满的2个月前通知机动车所有人办理注销登记。机动车所有人应当在报废期满前将机动车交售给机动车回收企业，由机动车回收企业将报废的机动车登记证书、号牌、行驶证交公安机关交通管理部门注销。机动车所有人逾期不办理注销登记的，公安机关交通管理部门应当公告该机动车登记证书、号牌、行驶证作废。

因机动车灭失申请注销登记的，机动车所有人应当向公安机关交通管理部门提交本人身份证明，交回机动车登记证书。

第十条　办理机动车登记的申请人提交的证明、凭证齐全、有效的，公安机关交通管理部门应当当场办理登记手续。

人民法院、人民检察院以及行政执法部门依法查封、扣押的机动车，公安机关交通管理部门不予办理机动车登记。

第十一条　机动车登记证书、号牌、行驶证丢失或者损毁，机动车所有人申请补发的，应当向公安机关交通管理部门提交本人身份证明和申请材料。公安机关交通管理部门经与机动车登记档案核实后，在收到申请之日起15日内补发。

第十二条　税务部门、保险机构可以在公安机关交通管理部门的办公场所集中办理与机动车有关的税费缴纳、保险合同订立等事项。

第十三条 机动车号牌应当悬挂在车前、车后指定位置，保持清晰、完整。重型、中型载货汽车及其挂车、拖拉机及其挂车的车身或者车厢后部应当喷涂放大的牌号，字样应当端正并保持清晰。

机动车检验合格标志、保险标志应当粘贴在机动车前窗右上角。

机动车喷涂、粘贴标识或者车身广告的，不得影响安全驾驶。

第十四条 用于公路营运的载客汽车、重型载货汽车、半挂牵引车应当安装、使用符合国家标准的行驶记录仪。交通警察可以对机动车行驶速度、连续驾驶时间以及其他行驶状态信息进行检查。安装行驶记录仪可以分步实施，实施步骤由国务院机动车产品主管部门会同有关部门规定。

第十五条 机动车安全技术检验由机动车安全技术检验机构实施。机动车安全技术检验机构应当按照国家机动车安全技术检验标准对机动车进行检验，对检验结果承担法律责任。

质量技术监督部门负责对机动车安全技术检验机构实行计量认证管理，对机动车安全技术检验设备进行检定，对执行国家机动车安全技术检验标准的情况进行监督。

机动车安全技术检验项目由国务院公安部门会同国务院质量技术监督部门规定。

第十六条　机动车应当从注册登记之日起，按照下列期限进行安全技术检验：

（一）营运载客汽车5年以内每年检验1次；超过5年的，每6个月检验1次；

（二）载货汽车和大型、中型非营运载客汽车10年以内每年检验1次；超过10年的，每6个月检验1次；

（三）小型、微型非营运载客汽车6年以内每2年检验1次；超过6年的，每年检验1次；超过15年的，每6个月检验1次；

（四）摩托车4年以内每2年检验1次；超过4年的，每年检验1次；

（五）拖拉机和其他机动车每年检验1次。

营运机动车在规定检验期限内经安全技术检验合格的，不再重复进行安全技术检验。

第十七条　已注册登记的机动车进行安全技术检验时，机动车行驶证记载的登记内容与该机动车的有关情况不符，或者未按照规定提供机动车第三者责任强制保险凭证的，不予通过检验。

第十八条　警车、消防车、救护车、工程救险车标志图案的喷涂以及警报器、标志灯具的安装、使用规定，由国务院公安部门制定。

《机动车交通事故责任强制保险条例》①

第五条 保险公司可以从事机动车交通事故责任强制保险业务。

为了保证机动车交通事故责任强制保险制度的实行，国务院保险监督管理机构有权要求保险公司从事机动车交通事故责任强制保险业务。

除保险公司外，任何单位或者个人不得从事机动车交通事故责任强制保险业务。

第六条 机动车交通事故责任强制保险实行统一的保险条款和基础保险费率。国务院保险监督管理机构按照机动车交通事故责任强制保险业务总体上不盈利不亏损的原则审批保险费率。

国务院保险监督管理机构在审批保险费率时，可以聘请有关专业机构进行评估，可以举行听证会听取公众意见。

第七条 保险公司的机动车交通事故责任强制保险业务，

---

① 2006年3月21日中华人民共和国国务院令第462号公布，根据2012年3月30日《国务院关于修改〈机动车交通事故责任强制保险条例〉的决定》第一次修订，根据2012年12月17日《国务院关于修改〈机动车交通事故责任强制保险条例〉的决定》第二次修订，根据2016年2月6日《国务院关于修改部分行政法规的决定》第三次修订，根据2019年3月2日《国务院关于修改部分行政法规的决定》第四次修订。

应当与其他保险业务分开管理，单独核算。

国务院保险监督管理机构应当每年对保险公司的机动车交通事故责任强制保险业务情况进行核查，并向社会公布；根据保险公司机动车交通事故责任强制保险业务的总体盈利或者亏损情况，可以要求或者允许保险公司相应调整保险费率。

调整保险费率的幅度较大的，国务院保险监督管理机构应当进行听证。

第八条　被保险机动车没有发生道路交通安全违法行为和道路交通事故的，保险公司应当在下一年度降低其保险费率。在此后的年度内，被保险机动车仍然没有发生道路交通安全违法行为和道路交通事故的，保险公司应当继续降低其保险费率，直至最低标准。被保险机动车发生道路交通安全违法行为或者道路交通事故的，保险公司应当在下一年度提高其保险费率。多次发生道路交通安全违法行为、道路交通事故，或者发生重大道路交通事故的，保险公司应当加大提高其保险费率的幅度。在道路交通事故中被保险人没有过错的，不提高其保险费率。降低或者提高保险费率的标准，由国务院保险监督管理机构会同国务院公安部门制定。

第九条　国务院保险监督管理机构、国务院公安部门、国务院农业主管部门以及其他有关部门应当逐步建立有关机动车交通事故责任强制保险、道路交通安全违法行为和道路交通事故的信息共享机制。

第十条 投保人在投保时应当选择从事机动车交通事故责任强制保险业务的保险公司，被选择的保险公司不得拒绝或者拖延承保。

国务院保险监督管理机构应当将从事机动车交通事故责任强制保险业务的保险公司向社会公示。

第十一条 投保人投保时，应当向保险公司如实告知重要事项。

重要事项包括机动车的种类、厂牌型号、识别代码、牌照号码、使用性质和机动车所有人或者管理人的姓名（名称）、性别、年龄、住所、身份证或者驾驶证号码（组织机构代码）、续保前该机动车发生事故的情况以及国务院保险监督管理机构规定的其他事项。

第十二条 签订机动车交通事故责任强制保险合同时，投保人应当一次支付全部保险费；保险公司应当向投保人签发保险单、保险标志。保险单、保险标志应当注明保险单号码、车牌号码、保险期限、保险公司的名称、地址和理赔电话号码。

被保险人应当在被保险机动车上放置保险标志。

保险标志式样全国统一。保险单、保险标志由国务院保险监督管理机构监制。任何单位或者个人不得伪造、变造或者使用伪造、变造的保险单、保险标志。

第十三条 签订机动车交通事故责任强制保险合同时，投保人不得在保险条款和保险费率之外，向保险公司提出附加其他条件的要求。

签订机动车交通事故责任强制保险合同时，保险公司不得强制投保人订立商业保险合同以及提出附加其他条件的要求。

第十四条 保险公司不得解除机动车交通事故责任强制保险合同；但是，投保人对重要事项未履行如实告知义务的除外。

投保人对重要事项未履行如实告知义务，保险公司解除合同前，应当书面通知投保人，投保人应当自收到通知之日起5日内履行如实告知义务；投保人在上述期限内履行如实告知义务的，保险公司不得解除合同。

第十五条 保险公司解除机动车交通事故责任强制保险合同的，应当收回保险单和保险标志，并书面通知机动车管理部门。

第十六条 投保人不得解除机动车交通事故责任强制保险合同，但有下列情形之一的除外：

（一）被保险机动车被依法注销登记的；

（二）被保险机动车办理停驶的；

（三）被保险机动车经公安机关证实丢失的。

第十七条 机动车交通事故责任强制保险合同解除前，保险公司应当按照合同承担保险责任。

合同解除时，保险公司可以收取自保险责任开始之日起至合同解除之日止的保险费，剩余部分的保险费退还投保人。

第十八条 被保险机动车所有权转移的，应当办理机动车交通事故责任强制保险合同变更手续。

第十九条 机动车交通事故责任强制保险合同期满，投保人应当及时续保，并提供上一年度的保险单。

第二十条 机动车交通事故责任强制保险的保险期间为1年，但有下列情形之一的，投保人可以投保短期机动车交通事故责任强制保险：

（一）境外机动车临时入境的；

（二）机动车临时上道路行驶的；

（三）机动车距规定的报废期限不足1年的；

（四）国务院保险监督管理机构规定的其他情形。

第二十一条 被保险机动车发生道路交通事故造成本车人员、被保险人以外的受害人人身伤亡、财产损失的，由保险公司依法在机动车交通事故责任强制保险责任限额范围内予以赔偿。

道路交通事故的损失是由受害人故意造成的，保险公司不予赔偿。

第二十二条 有下列情形之一的，保险公司在机动车交通事故责任强制保险责任限额范围内垫付抢救费用，并有权向致害人追偿：

（一）驾驶人未取得驾驶资格或者醉酒的；

（二）被保险机动车被盗抢期间肇事的；

（三）被保险人故意制造道路交通事故的。

有前款所列情形之一，发生道路交通事故的，造成受害人的财产损失，保险公司不承担赔偿责任。

第二十三条　机动车交通事故责任强制保险在全国范围内实行统一的责任限额。责任限额分为死亡伤残赔偿限额、医疗费用赔偿限额、财产损失赔偿限额以及被保险人在道路交通事故中无责任的赔偿限额。

机动车交通事故责任强制保险责任限额由国务院保险监督管理机构会同国务院公安部门、国务院卫生主管部门、国务院农业主管部门规定。

第二十四条　国家设立道路交通事故社会救助基金（以下简称救助基金）。有下列情形之一时，道路交通事故中受害人人身伤亡的丧葬费用、部分或者全部抢救费用，由救助基金先行垫付，救助基金管理机构有权向道路交通事故责任人追偿：

（一）抢救费用超过机动车交通事故责任强制保险责任限额的；

（二）肇事机动车未参加机动车交通事故责任强制保险的；

（三）机动车肇事后逃逸的。

第二十五条 救助基金的来源包括：

（一）按照机动车交通事故责任强制保险的保险费的一定比例提取的资金；

（二）对未按照规定投保机动车交通事故责任强制保险的机动车的所有人、管理人的罚款；

（三）救助基金管理机构依法向道路交通事故责任人追偿的资金；

（四）救助基金孳息；

（五）其他资金。

第二十六条 救助基金的具体管理办法，由国务院财政部门会同国务院保险监督管理机构、国务院公安部门、国务院卫生主管部门、国务院农业主管部门制定试行。

第二十七条 被保险机动车发生道路交通事故，被保险人或者受害人通知保险公司的，保险公司应当立即给予答复，告知被保险人或者受害人具体的赔偿程序等有关事项。

第二十八条 被保险机动车发生道路交通事故的，由被保险人向保险公司申请赔偿保险金。保险公司应当自收到赔偿申请之日起1日内，书面告知被保险人需要向保险公司提供的与赔偿有关的证明和资料。

第二十九条 保险公司应当自收到被保险人提供的证明和

资料之日起5日内，对是否属于保险责任作出核定，并将结果通知被保险人；对不属于保险责任的，应当书面说明理由；对属于保险责任的，在与被保险人达成赔偿保险金的协议后10日内，赔偿保险金。

第三十条　被保险人与保险公司对赔偿有争议的，可以依法申请仲裁或者向人民法院提起诉讼。

第三十一条　保险公司可以向被保险人赔偿保险金，也可以直接向受害人赔偿保险金。但是，因抢救受伤人员需要保险公司支付或者垫付抢救费用的，保险公司在接到公安机关交通管理部门通知后，经核对应当及时向医疗机构支付或者垫付抢救费用。

因抢救受伤人员需要救助基金管理机构垫付抢救费用的，救助基金管理机构在接到公安机关交通管理部门通知后，经核对应当及时向医疗机构垫付抢救费用。

第三十二条　医疗机构应当参照国务院卫生主管部门组织制定的有关临床诊疗指南，抢救、治疗道路交通事故中的受伤人员。

第三十三条　保险公司赔偿保险金或者垫付抢救费用，救助基金管理机构垫付抢救费用，需要向有关部门、医疗机构核实有关情况的，有关部门、医疗机构应当予以配合。

第三十四条　保险公司、救助基金管理机构的工作人员对当事人的个人隐私应当保密。

第三十五条 道路交通事故损害赔偿项目和标准依照有关法律的规定执行。

第二节 特殊车辆管理

一、危险化学品运输车辆管理

《危险化学品安全管理条例》①

第四十三条 从事危险化学品道路运输、水路运输的，应当分别依照有关道路运输、水路运输的法律、行政法规的规定，取得危险货物道路运输许可、危险货物水路运输许可，并向工商行政管理部门办理登记手续。

危险化学品道路运输企业、水路运输企业应当配备专职安全管理人员。

第四十四条 危险化学品道路运输企业、水路运输企业的

---

① 2002年1月26日中华人民共和国国务院令第344号公布，2011年2月16日国务院第144次常务会议修订通过，根据2013年12月7日《国务院关于修改部分行政法规的决定》修订。

驾驶人员、船员、装卸管理人员、押运人员、申报人员、集装箱装箱现场检查员应当经交通运输主管部门考核合格，取得从业资格。具体办法由国务院交通运输主管部门制定。

危险化学品的装卸作业应当遵守安全作业标准、规程和制度，并在装卸管理人员的现场指挥或者监控下进行。水路运输危险化学品的集装箱装箱作业应当在集装箱装箱现场检查员的指挥或者监控下进行，并符合积载、隔离的规范和要求；装箱作业完毕后，集装箱装箱现场检查员应当签署装箱证明书。

第四十五条　运输危险化学品，应当根据危险化学品的危险特性采取相应的安全防护措施，并配备必要的防护用品和应急救援器材。

用于运输危险化学品的槽罐以及其他容器应当封口严密，能够防止危险化学品在运输过程中因温度、湿度或者压力的变化发生渗漏、洒漏；槽罐以及其他容器的溢流和泄压装置应当设置准确、起闭灵活。

运输危险化学品的驾驶人员、船员、装卸管理人员、押运人员、申报人员、集装箱装箱现场检查员，应当了解所运输的危险化学品的危险特性及其包装物、容器的使用要求和出现危险情况时的应急处置方法。

第四十六条　通过道路运输危险化学品的，托运人应当委托依法取得危险货物道路运输许可的企业承运。

第四十七条 通过道路运输危险化学品的，应当按照运输车辆的核定载质量装载危险化学品，不得超载。

危险化学品运输车辆应当符合国家标准要求的安全技术条件，并按照国家有关规定定期进行安全技术检验。

危险化学品运输车辆应当悬挂或者喷涂符合国家标准要求的警示标志。

第四十八条 通过道路运输危险化学品的，应当配备押运人员，并保证所运输的危险化学品处于押运人员的监控之下。

运输危险化学品途中因住宿或者发生影响正常运输的情况，需要较长时间停车的，驾驶人员、押运人员应当采取相应的安全防范措施；运输剧毒化学品或者易制爆危险化学品的，还应当向当地公安机关报告。

第四十九条 未经公安机关批准，运输危险化学品的车辆不得进入危险化学品运输车辆限制通行的区域。危险化学品运输车辆限制通行的区域由县级人民政府公安机关划定，并设置明显的标志。

第五十条 通过道路运输剧毒化学品的，托运人应当向运输始发地或者目的地县级人民政府公安机关申请剧毒化学品道路运输通行证。

申请剧毒化学品道路运输通行证，托运人应当向县级人民政府公安机关提交下列材料：

（一）拟运输的剧毒化学品品种、数量的说明；

（二）运输始发地、目的地、运输时间和运输路线的说明；

（三）承运人取得危险货物道路运输许可、运输车辆取得营运证以及驾驶人员、押运人员取得上岗资格的证明文件；

（四）本条例第三十八条第一款、第二款规定的购买剧毒化学品的相关许可证件，或者海关出具的进出口证明文件。

县级人民政府公安机关应当自收到前款规定的材料之日起7日内，作出批准或者不予批准的决定。予以批准的，颁发剧毒化学品道路运输通行证；不予批准的，书面通知申请人并说明理由。

剧毒化学品道路运输通行证管理办法由国务院公安部门制定。

第五十一条　剧毒化学品、易制爆危险化学品在道路运输途中丢失、被盗、被抢或者出现流散、泄漏等情况的，驾驶人员、押运人员应当立即采取相应的警示措施和安全措施，并向当地公安机关报告。公安机关接到报告后，应当根据实际情况立即向安全生产监督管理部门、环境保护主管部门、卫生主管部门通报。有关部门应当采取必要的应急处置措施。

二、超限运输车辆管理

《超限运输车辆行驶公路管理规定》[①]

第三条 本规定所称超限运输车辆，是指有下列情形之一的货物运输车辆：

（一）车货总高度从地面算起超过4米；

（二）车货总宽度超过2.55米；

（三）车货总长度超过18.1米；

（四）二轴货车，其车货总质量超过18000千克；

（五）三轴货车，其车货总质量超过25000千克；三轴汽车列车，其车货总质量超过27000千克；

（六）四轴货车，其车货总质量超过31000千克；四轴汽车列车，其车货总质量超过36000千克；

（七）五轴汽车列车，其车货总质量超过43000千克；

（八）六轴及六轴以上汽车列车，其车货总质量超过49000千克，其中牵引车驱动轴为单轴的，其车货总质量超过46000千克。

---

① 2016年8月19日交通运输部发布，根据2021年8月11日交通运输部《关于修改〈超限运输车辆行驶公路管理规定〉的决定》修正。

前款规定的限定标准的认定，还应当遵守下列要求：

（一）二轴组按照二个轴计算，三轴组按照三个轴计算；

（二）除驱动轴外，二轴组、三轴组以及半挂车和全挂车的车轴每侧轮胎按照双轮胎计算，若每轴每侧轮胎为单轮胎，限定标准减少3000千克，但安装符合国家有关标准的加宽轮胎的除外；

（三）车辆最大允许总质量不应超过各车轴最大允许轴荷之和；

（四）拖拉机、农用车、低速货车，以行驶证核定的总质量为限定标准；

（五）符合《汽车、挂车及汽车列车外廓尺寸、轴荷及质量限值》（GB1589）规定的冷藏车、汽车列车、安装空气悬架的车辆，以及专用作业车，不认定为超限运输车辆。

第六条　载运不可解体物品的超限运输（以下称大件运输）车辆，应当依法办理有关许可手续，采取有效措施后，按照指定的时间、路线、速度行驶公路。未经许可，不得擅自行驶公路。

第七条　大件运输的托运人应当委托具有大型物件运输经营资质的道路运输经营者承运，并在运单上如实填写托运货物的名称、规格、重量等相关信息。

第八条　大件运输车辆行驶公路前，承运人应当按下列规定向公路管理机构申请公路超限运输许可：

（一）跨省、自治区、直辖市进行运输的，向起运地省级公路管理机构递交申请书，申请机关需要列明超限运输途经公路沿线各省级公路管理机构，由起运地省级公路管理机构统一受理并组织协调沿线各省级公路管理机构联合审批，必要时可由交通运输部统一组织协调处理；

（二）在省、自治区范围内跨设区的市进行运输，或者在直辖市范围内跨区、县进行运输的，向该省级公路管理机构提出申请，由其受理并审批；

（三）在设区的市范围内跨区、县进行运输的，向该市级公路管理机构提出申请，由其受理并审批；

（四）在区、县范围内进行运输的，向该县级公路管理机构提出申请，由其受理并审批。

第九条 各级交通运输主管部门、公路管理机构应当利用信息化手段，建立公路超限运输许可管理平台，实行网上办理许可手续，并及时公开相关信息。

第十条 申请公路超限运输许可的，承运人应当提交下列材料：

（一）公路超限运输申请表，主要内容包括货物的名称、外廓尺寸和质量，车辆的厂牌型号、整备质量、轴数、轴距和轮胎数，载货时车货总体的外廓尺寸、总质量、各车轴轴荷，拟运输的起讫点、通行路线和行驶时间；

（二）承运人的道路运输经营许可证，经办人的身份证件和授权委托书；

（三）车辆行驶证或者临时行驶车号牌。

车货总高度从地面算起超过4.5米，或者总宽度超过3.75米，或者总长度超过28米，或者总质量超过100000千克，以及其他可能严重影响公路完好、安全、畅通情形的，还应当提交记录载货时车货总体外廓尺寸信息的轮廓图和护送方案。

护送方案应当包含护送车辆配置方案、护送人员配备方案、护送路线情况说明、护送操作细则、异常情况处理等相关内容。

第十一条　承运人提出的公路超限运输许可申请有下列情形之一的，公路管理机构不予受理：

（一）货物属于可分载物品的；

（二）承运人所持有的道路运输经营许可证记载的经营资质不包括大件运输的；

（三）承运人被依法限制申请公路超限运输许可未满限制期限的；

（四）法律、行政法规规定的其他情形。

载运单个不可解体物品的大件运输车辆，在不改变原超限情形的前提下，加装多个品种相同的不可解体物品的，视为载运不可解体物品。

第十二条 公路管理机构受理公路超限运输许可申请后，应当对承运人提交的申请材料进行审查。属于第十条第二款规定情形的，公路管理机构应当对车货总体外廓尺寸、总质量、轴荷等数据和护送方案进行核查，并征求同级公安机关交通管理部门意见。

属于统一受理、集中办理跨省、自治区、直辖市进行运输的，由起运地省级公路管理机构负责审查。

第十三条 公路管理机构审批公路超限运输申请，应当根据实际情况组织人员勘测通行路线。需要采取加固、改造措施的，承运人应当按照规定要求采取有效的加固、改造措施。公路管理机构应当对承运人提出的加固、改造措施方案进行审查，并组织验收。

承运人不具备加固、改造措施的条件和能力的，可以通过签订协议的方式，委托公路管理机构制定相应的加固、改造方案，由公路管理机构进行加固、改造，或者由公路管理机构通过市场化方式选择具有相应资质的单位进行加固、改造。

采取加固、改造措施所需的费用由承运人承担。相关收费标准应当公开、透明。

第十四条 采取加固、改造措施应当满足公路设施安全需要，并遵循下列原则：

（一）优先采取临时措施，便于实施、拆除和可回收利用；

（二）采取永久性或者半永久性措施的，可以考虑与公路设施的技术改造同步实施；

（三）对公路设施采取加固、改造措施仍无法满足大件运输车辆通行的，可以考虑采取修建临时便桥或者便道的改造措施；

（四）有多条路线可供选择的，优先选取桥梁技术状况评定等级高和采取加固、改造措施所需费用低的路线通行；

（五）同一时期，不同的超限运输申请，涉及对同一公路设施采取加固、改造措施的，由各承运人按照公平、自愿的原则分担有关费用。

第十五条 公路管理机构应当在下列期限内作出行政许可决定：

（一）车货总高度从地面算起未超过4.2米、总宽度未超过3米、总长度未超过20米且车货总质量、轴荷未超过本规定第三条、第十七条规定标准的，自受理申请之日起2个工作日内作出，属于统一受理、集中办理跨省、自治区、直辖市大件运输的，办理的时间最长不得超过5个工作日；

（二）车货总高度从地面算起未超过4.5米、总宽度未超过3.75米、总长度未超过28米且总质量未超过100000千克的，属于本辖区内大件运输的，自受理申请之日起5个工作日内作出，属于统一受理、集中办理跨省、自治区、直辖市大件运输的，办理的时间最长不得超过10个工作日；

（三）车货总高度从地面算起超过4.5米，或者总宽度超过3.75米，或者总长度超过28米，或者总质量超过100000千克的，属于本辖区内大件运输的，自受理申请之日起15个工作日内作出，属于统一受理、集中办理跨省、自治区、直辖市大件运输的，办理的时间最长不得超过20个工作日。

采取加固、改造措施所需时间不计算在前款规定的期限内。

第十六条 受理跨省、自治区、直辖市公路超限运输申请后，起运地省级公路管理机构应当在2个工作日内向途经公路沿线各省级公路管理机构转送其受理的申请资料。

属于第十五条第一款第二项规定的情形的，途经公路沿线各省级公路管理机构应当在收到转送的申请材料起5个工作日内作出行政许可决定；属于第十五条第一款第三项规定的情形的，应当在收到转送的申请材料起15个工作日内作出行政许可决定，并向起运地省级公路管理机构反馈。需要采取加固、改造措施的，由相关省级公路管理机构按照本规定第十三条执行；上下游省、自治区、直辖市范围内路线或者行驶时间调整的，应当及时告知承运人和起运地省级公路管理机构，由起运地省级公路管理机构组织协调处理。

第十七条　有下列情形之一的，公路管理机构应当依法作出不予行政许可的决定：

（一）采用普通平板车运输，车辆单轴的平均轴荷超过10000千克或者最大轴荷超过13000千克的；

（二）采用多轴多轮液压平板车运输，车辆每轴线（一线两轴8轮胎）的平均轴荷超过18000千克或者最大轴荷超过20000千克的；

（三）承运人不履行加固、改造义务的；

（四）法律、行政法规规定的其他情形。

第十八条　公路管理机构批准公路超限运输申请的，根据大件运输的具体情况，指定行驶公路的时间、路线和速度，并颁发《超限运输车辆通行证》。其中，批准跨省、自治区、直辖市运输的，由起运地省级公路管理机构颁发。

《超限运输车辆通行证》的式样由交通运输部统一制定，各省级公路管理机构负责印制和管理。申请人可到许可窗口领取或者通过网上自助方式打印。

第十九条　同一大件运输车辆短期内多次通行固定路线，装载方式、装载物品相同，且不需要采取加固、改造措施的，承运人可以根据运输计划向公路管理机构申请办理行驶期限不超过6个月的《超限运输车辆通行证》。运输计划发生变化的，需按原许可机关的有关规定办理变更手续。

第二十条 经批准进行大件运输的车辆，行驶公路时应当遵守下列规定：

（一）采取有效措施固定货物，按照有关要求在车辆上悬挂明显标志，保证运输安全；

（二）按照指定的时间、路线和速度行驶；

（三）车货总质量超限的车辆通行公路桥梁，应当匀速居中行驶，避免在桥上制动、变速或者停驶；

（四）需要在公路上临时停车的，除遵守有关道路交通安全规定外，还应当在车辆周边设置警告标志，并采取相应的安全防范措施；需要较长时间停车或者遇有恶劣天气的，应当驶离公路，就近选择安全区域停靠；

（五）通行采取加固、改造措施的公路设施，承运人应当提前通知该公路设施的养护管理单位，由其加强现场管理和指导；

（六）因自然灾害或者其他不可预见因素而出现公路通行状况异常致使大件运输车辆无法继续行驶的，承运人应当服从现场管理并及时告知作出行政许可决定的公路管理机构，由其协调当地公路管理机构采取相关措施后继续行驶。

第二十一条 大件运输车辆应当随车携带有效的《超限运

输车辆通行证》，主动接受公路管理机构的监督检查。

大件运输车辆及装载物品的有关情况应当与《超限运输车辆通行证》记载的内容一致。

任何单位和个人不得租借、转让《超限运输车辆通行证》，不得使用伪造、变造的《超限运输车辆通行证》。

第二十二条　对于本规定第十条第二款规定的大件运输车辆，承运人应当按照护送方案组织护送。

承运人无法采取护送措施的，可以委托作出行政许可决定的公路管理机构协调公路沿线的公路管理机构进行护送，并承担所需费用。护送收费标准由省级交通运输主管部门会同同级财政、价格主管部门按规定制定，并予以公示。

第二十三条　行驶过程中，护送车辆应当与大件运输车辆形成整体车队，并保持实时、畅通的通讯联系。

第二十四条　经批准的大件运输车辆途经实行计重收费的收费公路时，对其按照基本费率标准收取车辆通行费，但车辆及装载物品的有关情况与《超限运输车辆通行证》记载的内容不一致的除外。

第二十五条　公路管理机构应当加强与辖区内重大装备制造、运输企业的联系，了解其制造、运输计划，加强服务，为重大装备运输提供便利条件。

大件运输需求量大的地区，可以统筹考虑建设成本、运输需求等因素，适当提高通行路段的技术条件。

第二十六条 公路管理机构、公路经营企业应当按照有关规定，定期对公路、公路桥梁、公路隧道等设施进行检测和评定，并为社会公众查询其技术状况信息提供便利。

公路收费站应当按照有关要求设置超宽车道。

第二十七条 载运可分载物品的超限运输（以下称违法超限运输）车辆，禁止行驶公路。

在公路上行驶的车辆，其车货总体的外廓尺寸或者总质量未超过本规定第三条规定的限定标准，但超过相关公路、公路桥梁、公路隧道限载、限高、限宽、限长标准的，不得在该公路、公路桥梁或者公路隧道行驶。

第二十八条 煤炭、钢材、水泥、砂石、商品车等货物集散地以及货运站等场所的经营人、管理人（以下统称货运源头单位），应当在货物装运场（站）安装合格的检测设备，对出场（站）货运车辆进行检测，确保出场（站）货运车辆合法装载。

第二十九条 货运源头单位、道路运输企业应当加强对货运车辆驾驶人的教育和管理，督促其合法运输。

道路运输企业是防止违法超限运输的责任主体，应当按照有关规定加强对车辆装载及运行全过程监控，防止驾驶人违法超限运输。

任何单位和个人不得指使、强令货运车辆驾驶人违法超限运输。

第三十条　货运车辆驾驶人不得驾驶违法超限运输车辆。

第三十一条　道路运输管理机构应当加强对政府公布的重点货运源头单位的监督检查。通过巡查、技术监控等方式督促其落实监督车辆合法装载的责任，制止违法超限运输车辆出场（站）。

第三十二条　公路管理机构、道路运输管理机构应当建立执法联动工作机制，将违法超限运输行为纳入道路运输企业质量信誉考核和驾驶人诚信考核，实行违法超限运输“黑名单”管理制度，依法追究违法超限运输的货运车辆、车辆驾驶人、道路运输企业、货运源头单位的责任。

第三十三条　公路管理机构应当对货运车辆进行超限检测。超限检测可以采取固定站点检测、流动检测、技术监控等方式。

第三十四条　采取固定站点检测的，应当在经省级人民政府批准设置的公路超限检测站进行。

第三十五条　公路管理机构可以利用移动检测设备，开展流动检测。经流动检测认定的违法超限运输车辆，应当就近引导至公路超限检测站进行处理。

流动检测点远离公路超限检测站的，应当就近引导至县级以上地方交通运输主管部门指定并公布的执法站所、停车场、卸载场等具有停放车辆及卸载条件的地点或者场所进行处理。

第三十六条 经检测认定违法超限运输的，公路管理机构应当责令当事人自行采取卸载等措施，消除违法状态；当事人自行消除违法状态确有困难的，可以委托第三人或者公路管理机构协助消除违法状态。

属于载运不可解体物品，在接受调查处理完毕后，需要继续行驶公路的，应当依法申请公路超限运输许可。

第三十七条 公路管理机构对车辆进行超限检测，不得收取检测费用。对依法扣留或者停放接受调查处理的超限运输车辆，不得收取停车保管费用。由公路管理机构协助卸载、分装或者保管卸载货物的，超过保管期限经通知当事人仍不领取的，可以按照有关规定予以处理。

第三十八条 公路管理机构应当使用经国家有关部门检定合格的检测设备对车辆进行超限检测；未定期检定或者检定不合格的，其检测数据不得作为执法依据。

第三十九条 收费高速公路入口应当按照规定设置检测设备，对货运车辆进行检测，不得放行违法超限运输车辆驶入高速公路。其他收费公路实行计重收费的，利用检测设备发现违法超限运输车辆时，有权拒绝其通行。收费公路经营管理者应当将违法超限运输车辆及时报告公路管理机构或者公安机关交通管理部门依法处理。

公路管理机构有权查阅和调取公路收费站车辆称重数据、照片、视频监控等有关资料。

第四十条　公路管理机构应当根据保护公路的需要，在货物运输主通道、重要桥梁入口处等普通公路以及开放式高速公路的重要路段和节点，设置车辆检测等技术监控设备，依法查处违法超限运输行为。

第四十一条　新建、改建公路时，应当按照规划，将超限检测站点、车辆检测等技术监控设备作为公路附属设施一并列入工程预算，与公路主体工程同步设计、同步建设、同步验收运行。

第四十三条　车辆违法超限运输的，由公路管理机构根据违法行为的性质、情节和危害程度，按下列规定给予处罚：

（一）车货总高度从地面算起未超过4.2米、总宽度未超过3米且总长度未超过20米的，可以处200元以下罚款；车货总高度从地面算起未超过4.5米、总宽度未超过3.75米且总长度未超过28米的，处200元以上1000元以下罚款；车货总高度从地面算起超过4.5米、总宽度超过3.75米或者总长度超过28米的，处1000元以上3000元以下的罚款；

（二）车货总质量超过本规定第三条第一款第四项至第

八项规定的限定标准，但未超过1000千克的，予以警告；超过1000千克的，每超1000千克罚款500元，最高不得超过30000元。

有前款所列多项违法行为的，相应违法行为的罚款数额应当累计，但累计罚款数额最高不得超过30000元。

第四十四条 公路管理机构在违法超限运输案件处理完毕后7个工作日内，应当将与案件相关的下列信息通过车辆超限管理信息系统抄告车籍所在地道路运输管理机构：

（一）车辆的号牌号码、车型、车辆所属企业、道路运输证号信息；

（二）驾驶人的姓名、驾驶人从业资格证编号、驾驶人所属企业信息；

（三）货运源头单位、货物装载单信息；

（四）行政处罚决定书信息；

（五）与案件相关的其他资料信息。

第四十五条 公路管理机构在监督检查中发现违法超限运输车辆不符合《汽车、挂车及汽车列车外廓尺寸、轴荷及质量限值》（GB1589），或者与行驶证记载的登记内容不符的，应当予以记录，定期抄告车籍所在地的公安机关交通管理部门等单位。

第四十六条 对1年内违法超限运输超过3次的货运车辆

和驾驶人，以及违法超限运输的货运车辆超过本单位货运车辆总数10%的道路运输企业，由道路运输管理机构依照《公路安全保护条例》第六十六条予以处理。

前款规定的违法超限运输记录累计计算周期，从初次领取《道路运输证》、道路运输从业人员从业资格证、道路运输经营许可证之日算起，可跨自然年度。

第四十七条　大件运输车辆有下列情形之一的，视为违法超限运输：

（一）未经许可擅自行驶公路的；

（二）车辆及装载物品的有关情况与《超限运输车辆通行证》记载的内容不一致的；

（三）未按许可的时间、路线、速度行驶公路的；

（四）未按许可的护送方案采取护送措施的。

第四十八条　承运人隐瞒有关情况或者提供虚假材料申请公路超限运输许可的，除依法给予处理外，并在1年内不准申请公路超限运输许可。

第四十九条　违反本规定，指使、强令车辆驾驶人超限运输货物的，由道路运输管理机构责令改正，处30000元以下罚款。

三、放射性物品道路运输管理

《放射性物品道路运输管理规定》[①]

第三条 本规定所称放射性物品，是指含有放射性核素，并且其活度和比活度均高于国家规定的豁免值的物品。

本规定所称放射性物品道路运输专用车辆（以下简称专用车辆），是指满足特定技术条件和要求，用于放射性物品道路运输的载货汽车。

本规定所称放射性物品道路运输，是指使用专用车辆通过道路运输放射性物品的作业过程。

第七条 申请从事放射性物品道路运输经营的，应当具备下列条件：

（一）有符合要求的专用车辆和设备。

1.专用车辆要求。

（1）专用车辆的技术要求应当符合《道路运输车辆技术管理规定》有关规定；

① 2010年10月27日交通运输部发布，根据2016年9月2日《交通运输部关于修改〈放射性物品道路运输管理规定〉的决定》第一次修正，根据2023年11月10日《交通运输部关于修改〈放射性物品道路运输管理规定〉的决定》第二次修正。

（2）车辆为企业自有，且数量为5辆以上；

（3）核定载质量在1吨及以下的车辆为厢式或者封闭货车；

（4）车辆配备满足在线监控要求，且具有行驶记录仪功能的卫星定位系统。

2.设备要求。

（1）配备有效的通讯工具；

（2）配备必要的辐射防护用品和依法经定期检定合格的监测仪器。

（二）有符合要求的从业人员。

1.专用车辆的驾驶人员取得相应机动车驾驶证，年龄不超过60周岁；

2.从事放射性物品道路运输的驾驶人员、装卸管理人员、押运人员经所在地设区的市级人民政府交通运输主管部门考试合格，取得注明从业资格类别为“放射性物品道路运输”的道路运输从业资格证（以下简称道路运输从业资格证）；

3.有具备辐射防护与相关安全知识的安全管理人员。

（三）有健全的安全生产管理制度。

1.有关安全生产应急预案；

2.从业人员、车辆、设备及停车场地安全管理制度；

3.安全生产作业规程和辐射防护管理措施；

4.安全生产监督检查和责任制度。

第八条 生产、销售、使用或者处置放射性物品的单位（含在放射性废物收贮过程中的从事放射性物品运输的省、自治区、直辖市城市放射性废物库营运单位），符合下列条件的，可以使用自备专用车辆从事为本单位服务的非经营性放射性物品道路运输活动：

（一）持有有关部门依法批准的生产、销售、使用、处置放射性物品的有效证明；

（二）有符合国家规定要求的放射性物品运输容器；

（三）有具备辐射防护与安全防护知识的专业技术人员；

（四）具备满足第七条规定条件的驾驶人员、专用车辆、设备和安全生产管理制度，但专用车辆的数量可以少于5辆。

第九条 国家鼓励技术力量雄厚、设备和运输条件好的生产、销售、使用或者处置放射性物品的单位按照第八条规定的条件申请从事非经营性放射性物品道路运输。

第十条 申请从事放射性物品道路运输经营的企业，应当向所在地设区的市级交通运输主管部门提出申请，并提交下列材料：

（一）《放射性物品道路运输经营申请表》，包括申请人基本信息、拟申请运输的放射性物品范围（类别或者品名）等内容；

（二）企业负责人身份证明及复印件，经办人身份证明及复印件和委托书；

（三）证明专用车辆、设备情况的材料，包括：

1.未购置车辆的，应当提交拟投入车辆承诺书。内容包括拟购车辆数量、类型、技术等级、总质量、核定载质量、车轴数以及车辆外廓尺寸等有关情况；

2.已购置车辆的，应当提供车辆行驶证、车辆技术等级评定结论及复印件等有关材料；

3.对辐射防护用品、监测仪器等设备配置情况的说明材料。

（四）有关驾驶人员、装卸管理人员、押运人员的道路运输从业资格证及复印件，驾驶人员的驾驶证及复印件，安全管理人员的工作证明；

（五）企业经营方案及相关安全生产管理制度文本。

第十一条 申请从事非经营性放射性物品道路运输的单位，向所在地设区的市级交通运输主管部门提出申请时，除提交第十条第（三）项、第（五）项规定的材料外，还应当提交下列材料：

（一）《放射性物品道路运输申请表》，包括申请人基本信息、拟申请运输的放射性物品范围（类别或者品名）等内容；

（二）单位负责人身份证明及复印件，经办人身份证明及复印件和委托书；

（三）有关部门依法批准生产、销售、使用或者处置放射性物品的有效证明；

（四）放射性物品运输容器、监测仪器检测合格证明；

（五）对放射性物品运输需求的说明材料；

（六）有关驾驶人员的驾驶证、道路运输从业资格证及复印件；

（七）有关专业技术人员的工作证明，依法应当取得相关从业资格证件的，还应当提交有效的从业资格证件及复印件。

第十二条 设区的市级交通运输主管部门应当按照《道路运输条例》和《交通行政许可实施程序规定》以及本规定规范的程序实施行政许可。

决定准予许可的，应当向被许可人作出准予行政许可的书面决定，并在10日内向放射性物品道路运输经营申请人发放《道路运输经营许可证》，向非经营性放射性物品道路运输申请人颁发《放射性物品道路运输许可证》。决定不予许可的，应当书面通知申请人并说明理由。

第十三条 对申请时未购置专用车辆，但提交拟投入车辆承诺书的，被许可人应当自收到《道路运输经营许可证》或者《放射性物品道路运输许可证》之日起半年内落实拟投入车辆承诺书。做出许可决定的交通运输主管部门对被许可人落实拟投入车辆承诺书的落实情况进行核实，符合许可要求的，应当为专用车辆配发《道路运输证》。

对申请时已购置专用车辆，且按照第十条、第十一条规定提交了专用车辆有关材料的，做出许可决定的交通运输主管部门应当对专用车辆情况进行核实，符合许可要求的，应当在向被许可人颁发《道路运输经营许可证》或者《放射性物品道路运输许可证》的同时，为专用车辆配发《道路运输证》。

做出许可决定的交通运输主管部门应当在《道路运输证》有关栏目内注明允许运输放射性物品的范围（类别或者品名）。对从事非经营性放射性物品道路运输的，还应当在《道路运输证》上加盖“非经营性放射性物品道路运输专用章”。

第十四条 放射性物品道路运输企业或者单位终止放射性物品运输业务的，应当在终止之日30日前书面告知做出原许可决定的交通运输主管部门。属于经营性放射性物品道路运输业务的，做出原许可决定的交通运输主管部门应当在接到书面告知之日起10日内将放射性道路运输企业终止放射性物品运输业务的有关情况向社会公布。

放射性物品道路运输企业或者单位应当在终止放射性物品运输业务之日起10日内将相关许可证件缴回原发证机关。

第十五条 放射性物品道路运输企业或者单位应当按照有关车辆及设备管理的标准和规定，维护、检测、使用和管理专用车辆和设备，确保专用车辆和设备技术状况良好。

第十六条 设区的市级交通运输主管部门应当按照《道路运输车辆技术管理规定》的规定定期对专用车辆是否符合第七

条、第八条规定的许可条件进行审验，每年审验一次。

第十七条 设区的市级交通运输主管部门应当对监测仪器定期检定合格证明和专用车辆投保危险货物承运人责任险情况进行检查。检查可以结合专用车辆定期审验的频率一并进行。

第十八条 禁止使用报废的、擅自改装的、检测不合格的或者其他不符合国家规定要求的车辆、设备从事放射性物品道路运输活动。

第十九条 禁止专用车辆用于非放射性物品运输，但集装箱运输车（包括牵引车、挂车）、甩挂运输的牵引车以及运输放射性药品的专用车辆除外。

按照本条第一款规定使用专用车辆运输非放射性物品的，不得将放射性物品与非放射性物品混装。

第二十条 道路运输放射性物品的托运人（以下简称托运人）应当制定核与辐射事故应急方案，在放射性物品运输中采取有效的辐射防护和安全保卫措施，并对放射性物品运输中的核与辐射安全负责。

第二十一条 道路运输放射性物品的承运人（以下简称承运人）应当取得相应的放射性物品道路运输资质，并对承运事项是否符合本企业或者单位放射性物品运输资质许可的运输范围负责。

第二十二条 非经营性放射性物品道路运输单位应当按照

《放射性物品运输安全管理条例》《道路运输条例》和本规定的要求履行托运人和承运人的义务，并负相应责任。

非经营性放射性物品道路运输单位不得从事放射性物品道路运输经营活动。

第二十三条 承运人与托运人订立放射性物品道路运输合同前，应当查验、收存托运人提交的下列材料：

（一）运输说明书，包括放射性物品的品名、数量、物理化学形态、危害风险等内容；

（二）辐射监测报告，其中一类放射性物品的辐射监测报告由托运人委托有资质的辐射监测机构出具；二、三类放射性物品的辐射监测报告由托运人出具；

（三）核与辐射事故应急响应指南；

（四）装卸作业方法指南；

（五）安全防护指南。

托运人将本条第一款第（四）项、第（五）项要求的内容在运输说明书中一并作出说明的，可以不提交第（四）项、第（五）项要求的材料。

托运人提交材料不齐全的，或者托运的物品经监测不符合国家放射性物品运输安全标准的，承运人不得与托运人订立放射性物品道路运输合同。

第二十四条 一类放射性物品启运前，承运人应当向托运人查验国务院核安全监管部门关于核与辐射安全分析报告书的审批文件以及公安部门关于准予道路运输放射性物品的审批文件。

二、三类放射性物品启运前，承运人应当向托运人查验公安部门关于准予道路运输放射性物品的审批文件。

第二十五条 托运人应当按照《放射性物质安全运输规程》（GB 11806）等有关国家标准和规定，在放射性物品运输容器上设置警示标志。

第二十六条 专用车辆运输放射性物品过程中，应当悬挂符合国家标准《道路运输危险货物车辆标志》（GB 13392）要求的警示标志。

第二十七条 专用车辆不得违反国家有关规定超载、超限运输放射性物品。

第二十八条 在放射性物品道路运输过程中，除驾驶人员外，还应当在专用车辆上配备押运人员，确保放射性物品处于押运人员监管之下。运输一类放射性物品的，承运人必要时可以要求托运人随车提供技术指导。

第二十九条 驾驶人员、装卸管理人员和押运人员上岗时应当随身携带道路运输从业资格证，专用车辆驾驶人员还应当随车携带《道路运输证》。

第三十条 驾驶人员、装卸管理人员和押运人员应当按照托运人所提供的资料了解所运输的放射性物品的性质、危害特性、包装物或者容器的使用要求、装卸要求以及发生突发事件时的处置措施。

第三十一条 放射性物品运输中发生核与辐射事故的，承运人、托运人应当按照核与辐射事故应急响应指南的要求，结合本企业安全生产应急预案的有关内容，做好事故应急工作，并立即报告事故发生地的县级以上人民政府生态环境主管部门。

第三十二条 放射性物品道路运输企业或者单位应当聘用具有相应道路运输从业资格证的驾驶人员、装卸管理人员和押运人员，并定期对驾驶人员、装卸管理人员和押运人员进行运输安全生产和基本应急知识等方面的培训，确保驾驶人员、装卸管理人员和押运人员熟悉有关安全生产法规、标准以及相关操作规程等业务知识和技能。

放射性物品道路运输企业或者单位应当对驾驶人员、装卸管理人员和押运人员进行运输安全生产和基本应急知识等方面的考核；考核不合格的，不得从事相关工作。

第三十三条 放射性物品道路运输企业或者单位应当按照国家职业病防治的有关规定，对驾驶人员、装卸管理人员和押运人员进行个人剂量监测，建立个人剂量档案和职业健康监护档案。

第三十四条 放射性物品道路运输企业或者单位应当投保

危险货物承运人责任险。

第三十五条 放射性物品道路运输企业或者单位不得转让、出租、出借放射性物品道路运输许可证件。

第三十六条 交通运输主管部门应当督促放射性物品道路运输企业或者单位对专用车辆、设备及安全生产制度等安全条件建立相应的自检制度，并加强监督检查。

交通运输主管部门工作人员依法对放射性物品道路运输活动进行监督检查的，应当按照劳动保护规定配备必要的安全防护设备。

第三十七条 拒绝、阻碍交通运输主管部门依法履行放射性物品运输安全监督检查，或者在接受监督检查时弄虚作假的，由交通运输主管部门责令改正，处1万元以上2万元以下的罚款；构成违反治安管理行为的，交由公安机关依法给予治安管理处罚；构成犯罪的，依法追究刑事责任。

第三十八条 违反本规定，未取得有关放射性物品道路运输资质许可，有下列情形之一的，由交通运输主管部门责令停止运输，违法所得超过2万元的，没收违法所得，处违法所得2倍以上10倍以下的罚款；没有违法所得或者违法所得不足2万元的，处3万元以上10万元以下的罚款。构成犯罪的，依法追究刑事责任：

（一）无资质许可擅自从事放射性物品道路运输的；

（二）使用失效、伪造、变造、被注销等无效放射性物品道路运输许可证件从事放射性物品道路运输的；

（三）超越资质许可事项，从事放射性物品道路运输的；

（四）非经营性放射性物品道路运输单位从事放射性物品道路运输经营的。

第三十九条 违反本规定，放射性物品道路运输企业或者单位擅自改装已取得《道路运输证》的专用车辆的，由交通运输主管部门责令改正，处5000元以上2万元以下的罚款。

第四十条 放射性物品道路运输活动中，由不符合本规定第七条、第八条规定条件的人员驾驶专用车辆的，由交通运输主管部门责令改正，处200元以上2000元以下的罚款；构成犯罪的，依法追究刑事责任。

第四十一条 违反本规定，放射性物品道路运输企业或者单位有下列行为之一，由交通运输主管部门责令限期投保；拒不投保的，由原许可的设区的市级交通运输主管部门吊销《道路运输经营许可证》或者《放射性物品道路运输许可证》，或者在许可证件上注销相应的许可范围：

（一）未投保危险货物承运人责任险的；

（二）投保的危险货物承运人责任险已过期，未继续投保的。

第四十二条 违反本规定，放射性物品道路运输企业或者单位非法转让、出租放射性物品道路运输许可证件的，由交通运输主管部门责令停止违法行为，收缴有关证件，处2000元以上1万元以下的罚款；有违法所得的，没收违法所得。

第四十三条 违反本规定，放射性物品道路运输企业或者单位已不具备许可要求的有关安全条件，存在重大运输安全隐患的，由交通运输主管部门依照《中华人民共和国安全生产法》的规定，给予罚款、停产停业整顿、吊销相关许可证件等处罚。

第四十四条 交通运输主管部门工作人员在实施道路运输监督检查过程中，发现放射性物品道路运输企业或者单位有违规情形，且按照《放射性物品运输安全管理条例》等有关法律法规的规定，应当由公安部门、核安全监管部门或者生态环境等部门处罚情形的，应当通报有关部门依法处理。

四、校车管理

《校车安全管理条例》[①]

第十六条 校车标牌应当载明本车的号牌号码、车辆的所有人、驾驶人、行驶线路、开行时间、停靠站点以及校车标牌

① 2012年3月28日国务院第197次常务会议通过，2012年4月5日中华人民共和国国务院令第617号公布，自公布之日起施行。

发牌单位、有效期等事项。

第十七条 取得校车标牌的车辆应当配备统一的校车标志灯和停车指示标志。

校车未运载学生上道路行驶的，不得使用校车标牌、校车标志灯和停车指示标志。

第十八条 禁止使用未取得校车标牌的车辆提供校车服务。

第十九条 取得校车标牌的车辆达到报废标准或者不再作为校车使用的，学校或者校车服务提供者应当将校车标牌交回公安机关交通管理部门。

第二十条 校车应当每半年进行一次机动车安全技术检验。

第二十一条 校车应当配备逃生锤、干粉灭火器、急救箱等安全设备。安全设备应当放置在便于取用的位置，并确保性能良好、有效适用。

校车应当按照规定配备具有行驶记录功能的卫星定位装置。

第二十三条 校车驾驶人应当依照本条例的规定取得校车驾驶资格。

取得校车驾驶资格应当符合下列条件：

（一）取得相应准驾车型驾驶证并具有3年以上驾驶经历，

年龄在25周岁以上、不超过60周岁；

（二）最近连续3个记分周期内没有被记满分记录；

（三）无致人死亡或者重伤的交通事故责任记录；

（四）无饮酒后驾驶或者醉酒驾驶机动车记录，最近1年内无驾驶客运车辆超员、超速等严重交通违法行为记录；

（五）无犯罪记录；

（六）身心健康，无传染性疾病，无癫痫、精神病等可能危及行车安全的疾病病史，无酗酒、吸毒行为记录。

第二十四条 机动车驾驶人申请取得校车驾驶资格，应当向县级或者设区的市级人民政府公安机关交通管理部门提交书面申请和证明其符合本条例第二十三条规定条件的材料。公安机关交通管理部门应当自收到申请材料之日起5个工作日内审查完毕，对符合条件的，在机动车驾驶证上签注准许驾驶校车；不符合条件的，书面说明理由。

第二十五条 机动车驾驶人未取得校车驾驶资格，不得驾驶校车。禁止聘用未取得校车驾驶资格的机动车驾驶人驾驶校车。

第二十六条 校车驾驶人应当每年接受公安机关交通管理部门的审验。

第二十七条 校车驾驶人应当遵守道路交通安全法律法规，严格按照机动车道路通行规则和驾驶操作规范安全驾驶、文明驾驶。

第二十八条　校车行驶线路应当尽量避开急弯、陡坡、临崖、临水的危险路段；确实无法避开的，道路或者交通设施的管理、养护单位应当按照标准对上述危险路段设置安全防护设施、限速标志、警告标牌。

第二十九条　校车经过的道路出现不符合安全通行条件的状况或者存在交通安全隐患的，当地人民政府应当组织有关部门及时改善道路安全通行条件、消除安全隐患。

第三十条　校车运载学生，应当按照国务院公安部门规定的位置放置校车标牌，开启校车标志灯。

校车运载学生，应当按照经审核确定的线路行驶，遇有交通管制、道路施工以及自然灾害、恶劣气象条件或者重大交通事故等影响道路通行情形的除外。

第三十一条　公安机关交通管理部门应当加强对校车行驶线路的道路交通秩序管理。遇交通拥堵的，交通警察应当指挥疏导运载学生的校车优先通行。

校车运载学生，可以在公共交通专用车道以及其他禁止社会车辆通行但允许公共交通车辆通行的路段行驶。

第三十二条　校车上下学生，应当在校车停靠站点停靠；未设校车停靠站点的路段可以在公共交通站台停靠。

道路或者交通设施的管理、养护单位应当按照标准设置校车停靠站点预告标识和校车停靠站点标牌，施划校车停靠站点标线。

第三十三条 校车在道路上停车上下学生，应当靠道路右侧停靠，开启危险报警闪光灯，打开停车指示标志。校车在同方向只有一条机动车道的道路上停靠时，后方车辆应当停车等待，不得超越。校车在同方向有两条以上机动车道的道路上停靠时，校车停靠车道后方和相邻机动车道上的机动车应当停车等待，其他机动车道上的机动车应当减速通过。校车后方停车等待的机动车不得鸣喇叭或者使用灯光催促校车。

第三十四条 校车载人不得超过核定的人数，不得以任何理由超员。

学校和校车服务提供者不得要求校车驾驶人超员、超速驾驶校车。

第三十五条 载有学生的校车在高速公路上行驶的最高时速不得超过80公里，在其他道路上行驶的最高时速不得超过60公里。

道路交通安全法律法规规定或者道路上限速标志、标线标明的最高时速低于前款规定的，从其规定。

载有学生的校车在急弯、陡坡、窄路、窄桥以及冰雪、泥泞的道路上行驶，或者遇有雾、雨、雪、沙尘、冰雹等低能见度气象条件时，最高时速不得超过20公里。

第三十六条 交通警察对违反道路交通安全法律法规的校

车，可以在消除违法行为的前提下先予放行，待校车完成接送学生任务后再对校车驾驶人进行处罚。

第三十七条　公安机关交通管理部门应当加强对校车运行情况的监督检查，依法查处校车道路交通安全违法行为，定期将校车驾驶人的道路交通安全违法行为和交通事故信息抄送其所属单位和教育行政部门。

《机动车驾驶证申领和使用规定》[①]

第八十七条　校车驾驶人应当依法取得校车驾驶资格。

取得校车驾驶资格应当符合下列条件：

（一）取得相应准驾车型驾驶证并具有三年以上驾驶经历，年龄符合国家校车驾驶资格条件；

（二）最近连续三个记分周期内没有被记满12分记录；

（三）无致人死亡或者重伤的交通事故责任记录；

（四）无酒后驾驶或者醉酒驾驶机动车记录，最近一年内无驾驶客运车辆超员、超速等严重道路交通安全违法行为记录；

---

① 2021年12月17日公安部令第162号修订发布，根据2024年12月21日公安部令第172号《公安部关于修改〈机动车驾驶证申领和使用规定〉的决定》修改。

（五）无犯罪记录；

（六）身心健康，无传染性疾病，无癫痫病、精神病等可能危及行车安全的疾病病史，无酗酒、吸毒行为记录。

第八十八条 机动车驾驶人申请取得校车驾驶资格，应当向县级或者设区的市级公安机关交通管理部门提出申请，确认申请信息，并提交以下证明、凭证：

（一）申请人的身份证明；

（二）机动车驾驶证；

（三）医疗机构出具的有关身体条件的证明。

第八十九条 公安机关交通管理部门自受理申请之日起五日内审查提交的证明、凭证，并向所在地县级公安机关核查，确认申请人无犯罪、吸毒行为记录。对符合条件的，在机动车驾驶证上签注准许驾驶校车及相应车型，并通报教育行政部门；不符合条件的，应当书面说明理由。

第九十条 校车驾驶人应当在每个记分周期结束后三十日内到公安机关交通管理部门接受审验。审验时，应当提交医疗机构出具的有关身体条件的证明，参加不少于三小时的道路交通安全法律法规、交通安全文明驾驶、应急处置等知识学习，并接受交通事故案例警示教育。

第九十一条 公安机关交通管理部门应当与教育行政部门和学校建立校车驾驶人的信息交换机制，每月通报校车驾驶人的交通违法、交通事故和审验等情况。

第九十二条　校车驾驶人有下列情形之一的，公安机关交通管理部门应当注销其校车驾驶资格，通知机动车驾驶人换领机动车驾驶证，并通报教育行政部门和学校：

（一）提出注销申请的；

（二）年龄超过国家校车驾驶资格条件的；

（三）在致人死亡或者重伤的交通事故负有责任的；

（四）有酒后驾驶或者醉酒驾驶机动车，以及驾驶客运车辆超员、超速等严重道路交通安全违法行为的；

（五）有记满12分或者犯罪记录的；

（六）有传染性疾病，癫痫病、精神病等可能危及行车安全的疾病，有酗酒、吸毒行为记录的。

未收回签注校车驾驶许可的机动车驾驶证的，应当公告其校车驾驶资格作废。

第三节　机动车驾驶人管理

《道路交通安全法》

第十九条　驾驶机动车，应当依法取得机动车驾驶证。

申请机动车驾驶证，应当符合国务院公安部门规定的驾驶许可条件；经考试合格后，由公安机关交通管理部门发给相应类别的机动车驾驶证。

持有境外机动车驾驶证的人，符合国务院公安部门规定的驾驶许可条件，经公安机关交通管理部门考核合格的，可以发给中国的机动车驾驶证。

驾驶人应当按照驾驶证载明的准驾车型驾驶机动车；驾驶机动车时，应当随身携带机动车驾驶证。

公安机关交通管理部门以外的任何单位或者个人，不得收缴、扣留机动车驾驶证。

第二十条 机动车的驾驶培训实行社会化，由交通运输主管部门对驾驶培训学校、驾驶培训班实行备案管理，并对驾驶培训活动加强监督，其中专门的拖拉机驾驶培训学校、驾驶培训班由农业（农业机械）主管部门实行监督管理。

驾驶培训学校、驾驶培训班应当严格按照国家有关规定，对学员进行道路交通安全法律、法规、驾驶技能的培训，确保培训质量。

任何国家机关以及驾驶培训和考试主管部门不得举办或者参与举办驾驶培训学校、驾驶培训班。

第二十一条 驾驶人驾驶机动车上道路行驶前，应当对机动车的安全技术性能进行认真检查；不得驾驶安全设施不全或者机件不符合技术标准等具有安全隐患的机动车。

第二十二条　机动车驾驶人应当遵守道路交通安全法律、法规的规定，按照操作规范安全驾驶、文明驾驶。

饮酒、服用国家管制的精神药品或者麻醉药品，或者患有妨碍安全驾驶机动车的疾病，或者过度疲劳影响安全驾驶的，不得驾驶机动车。

任何人不得强迫、指使、纵容驾驶人违反道路交通安全法律、法规和机动车安全驾驶要求驾驶机动车。

第二十三条　公安机关交通管理部门依照法律、行政法规的规定，定期对机动车驾驶证实施审验。

第二十四条　公安机关交通管理部门对机动车驾驶人违反道路交通安全法律、法规的行为，除依法给予行政处罚外，实行累积记分制度。公安机关交通管理部门对累积记分达到规定分值的机动车驾驶人，扣留机动车驾驶证，对其进行道路交通安全法律、法规教育，重新考试；考试合格的，发还其机动车驾驶证。

对遵守道路交通安全法律、法规，在一年内无累积记分的机动车驾驶人，可以延长机动车驾驶证的审验期。具体办法由国务院公安部门规定。

《道路交通安全法实施条例》

第十九条 符合国务院公安部门规定的驾驶许可条件的人，可以向公安机关交通管理部门申请机动车驾驶证。

机动车驾驶证由国务院公安部门规定式样并监制。

第二十条 学习机动车驾驶，应当先学习道路交通安全法律、法规和相关知识，考试合格后，再学习机动车驾驶技能。

在道路上学习驾驶，应当按照公安机关交通管理部门指定的路线、时间进行。在道路上学习机动车驾驶技能应当使用教练车，在教练员随车指导下进行，与教学无关的人员不得乘坐教练车。学员在学习驾驶中有道路交通安全违法行为或者造成交通事故的，由教练员承担责任。

第二十一条 公安机关交通管理部门应当对申请机动车驾驶证的人进行考试，对考试合格的，在5日内核发机动车驾驶证；对考试不合格的，书面说明理由。

第二十二条 机动车驾驶证的有效期为6年，本条例另有规定的除外。

机动车驾驶人初次申领机动车驾驶证后的12个月为实习期。在实习期内驾驶机动车的，应当在车身后部粘贴或者悬挂统一式样的实习标志。

机动车驾驶人在实习期内不得驾驶公共汽车、营运客车或者执行任务的警车、消防车、救护车、工程救险车以及载有爆炸物品、易燃易爆化学物品、剧毒或者放射性等危险物品的机动车；驾驶的机动车不得牵引挂车。

第二十三条 公安机关交通管理部门对机动车驾驶人的道路交通安全违法行为除给予行政处罚外，实行道路交通安全违法行为累积记分（以下简称记分）制度，记分周期为12个月。对在一个记分周期内记分达到12分的，由公安机关交通管理部门扣留其机动车驾驶证，该机动车驾驶人应当按照规定参加道路交通安全法律、法规的学习并接受考试。考试合格的，记分予以清除，发还机动车驾驶证；考试不合格的，继续参加学习和考试。

应当给予记分的道路交通安全违法行为及其分值，由国务院公安部门根据道路交通安全违法行为的危害程度规定。

公安机关交通管理部门应当提供记分查询方式供机动车驾驶人查询。

第二十四条 机动车驾驶人在一个记分周期内记分未达到12分，所处罚款已经缴纳的，记分予以清除；记分虽未达到12分，但尚有罚款未缴纳的，记分转入下一记分周期。

机动车驾驶人在一个记分周期内记分2次以上达到12分的，除按照第二十三条的规定扣留机动车驾驶证、参加学习、接受考试外，还应当接受驾驶技能考试。考试合格的，记分予以清除，发还机动车驾驶证；考试不合格的，继续参加学习和考试。

接受驾驶技能考试的，按照本人机动车驾驶证载明的最高准驾车型考试。

第二十五条 机动车驾驶人记分达到12分，拒不参加公安机关交通管理部门通知的学习，也不接受考试的，由公安机关交通管理部门公告其机动车驾驶证停止使用。

第二十六条 机动车驾驶人在机动车驾驶证的6年有效期内，每个记分周期均未达到12分的，换发10年有效期的机动车驾驶证；在机动车驾驶证的10年有效期内，每个记分周期均未达到12分的，换发长期有效的机动车驾驶证。

换发机动车驾驶证时，公安机关交通管理部门应当对机动车驾驶证进行审验。

第二十七条 机动车驾驶证丢失、损毁，机动车驾驶人申请补发的，应当向公安机关交通管理部门提交本人身份证明和申请材料。公安机关交通管理部门经与机动车驾驶证档案核实后，在收到申请之日起3日内补发。

第二十八条 机动车驾驶人在机动车驾驶证丢失、损毁、超过有效期或者被依法扣留、暂扣期间以及记分达到12分的，不得驾驶机动车。

《道路运输条例》[1]

第九条　从事客运经营的驾驶人员，应当符合下列条件：

（一）取得相应的机动车驾驶证；

（二）年龄不超过60周岁；

（三）3年内无重大以上交通责任事故记录；

（四）经设区的市级人民政府交通运输主管部门对有关客运法律法规、机动车维修和旅客急救基本知识考试合格。

第二十二条　从事货运经营的驾驶人员，应当符合下列条件：

（一）取得相应的机动车驾驶证；

（二）年龄不超过60周岁；

（三）经设区的市级人民政府交通运输主管部门对有关货运法律法规、机动车维修和货物装载保管基本知识考试合格

---

① 《中华人民共和国道路运输条例》（本书简称《道路运输条例》），2004年4月30日中华人民共和国国务院令第406号公布，根据2012年11月9日《国务院关于修改和废止部分行政法规的决定》第一次修订，根据2016年2月6日《国务院关于修改部分行政法规的决定》第二次修订，根据2019年3月2日《国务院关于修改部分行政法规的决定》第三次修订，根据2022年3月29日《国务院关于修改和废止部分行政法规的决定》第四次修订，根据2023年7月20日《国务院关于修改和废止部分行政法规的决定》第五次修订。

（使用总质量4500千克及以下普通货运车辆的驾驶人员除外）。

第二十三条 申请从事危险货物运输经营的，还应当具备下列条件：

（一）有5辆以上经检测合格的危险货物运输专用车辆、设备；

（二）有经所在地设区的市级人民政府交通运输主管部门考试合格，取得上岗资格证的驾驶人员、装卸管理人员、押运人员；

（三）危险货物运输专用车辆配有必要的通讯工具；

（四）有健全的安全生产管理制度。

第二十八条 客运经营者、货运经营者应当加强对从业人员的安全教育、职业道德教育，确保道路运输安全。

道路运输从业人员应当遵守道路运输操作规程，不得违章作业。驾驶人员连续驾驶时间不得超过4个小时。

《机动车驾驶证申领和使用规定》

第七十一条 公安机关交通管理部门对机动车驾驶人的道路交通安全违法行为，除依法给予行政处罚外，实行道路交通安全违法行为累积记分制度，记分周期为12个月，满分为12分。

机动车驾驶人在一个记分周期内记分达到12分的，应当按规定参加学习、考试。

第七十二条　机动车驾驶人应当按照法律、行政法规的规定，定期到公安机关交通管理部门接受审验。

机动车驾驶人按照本规定第六十三条、第六十四条换领机动车驾驶证时，应当接受公安机关交通管理部门的审验。

持有大型客车、重型牵引挂车、城市公交车、中型客车、大型货车驾驶证的驾驶人，应当在每个记分周期结束后三十日内到公安机关交通管理部门接受审验。但在一个记分周期内没有记分记录的，免予本记分周期审验。

持有第三款规定以外准驾车型驾驶证的驾驶人，发生交通事故造成人员死亡承担同等以上责任未被吊销机动车驾驶证的，应当在本记分周期结束后三十日内到公安机关交通管理部门接受审验。

年龄在70周岁以上的机动车驾驶人发生责任交通事故造成人员重伤或者死亡的，应当在本记分周期结束后三十日内到公安机关交通管理部门接受审验。

机动车驾驶人可以在机动车驾驶证核发地或者核发地以外的地方参加审验、提交身体条件证明。

第七十三条　机动车驾驶证审验内容包括：

（一）道路交通安全违法行为、交通事故处理情况；

（二）身体条件情况；

（三）道路交通安全违法行为记分及记满12分后参加学习和考试情况。

持有大型客车、重型牵引挂车、城市公交车、中型客车、大型货车驾驶证一个记分周期内有记分的，以及持有其他准驾车型驾驶证发生交通事故造成人员死亡承担同等以上责任未被吊销机动车驾驶证的驾驶人，审验时应当参加不少于三小时的道路交通安全法律法规、交通安全文明驾驶、应急处置等知识学习，并接受交通事故案例警示教育。

年龄在70周岁以上的机动车驾驶人审验时还应当按照规定进行记忆力、判断力、反应力等能力测试。

对道路交通安全违法行为或者交通事故未处理完毕的、身体条件不符合驾驶许可条件的、未按照规定参加学习、教育和考试的，不予通过审验。

第七十四条 年龄在70周岁以上的机动车驾驶人，应当每年进行一次身体检查，在记分周期结束后三十日内，提交医疗机构出具的有关身体条件的证明。

持有残疾人专用小型自动挡载客汽车驾驶证的机动车驾驶人，应当每三年进行一次身体检查，在记分周期结束后三十日内，提交医疗机构出具的有关身体条件的证明。

机动车驾驶人按照本规定第七十二条第三款、第四款规定参加审验时，应当申报身体条件情况。

第七十五条　机动车驾驶人因服兵役、出国（境）等原因，无法在规定时间内办理驾驶证期满换证、审验、提交身体条件证明的，可以在驾驶证有效期内或者有效期届满一年内向机动车驾驶证核发地车辆管理所申请延期办理。申请时应当确认申请信息，并提交机动车驾驶人的身份证明。

延期期限最长不超过三年。延期期间机动车驾驶人不得驾驶机动车。

第七十六条　机动车驾驶人初次取得汽车类准驾车型或者初次取得摩托车类准驾车型后的12个月为实习期。

在实习期内驾驶机动车的，应当在车身后部粘贴或者悬挂统一式样的实习标志（附件3）。

第七十七条　机动车驾驶人在实习期内不得驾驶公共汽车、营运客车或者执行任务的警车、消防车、救护车、工程救险车以及载有爆炸物品、易燃易爆化学物品、剧毒或者放射性等危险物品的机动车；驾驶的机动车不得牵引挂车。

驾驶人在实习期内驾驶机动车上高速公路行驶，应当由持相应或者包含其准驾车型驾驶证三年以上的驾驶人陪同。其中，驾驶残疾人专用小型自动挡载客汽车的，可以由持有小型自动挡载客汽车以上准驾车型驾驶证的驾驶人陪同。

在增加准驾车型后的实习期内，驾驶原准驾车型的机动车时不受上述限制。

第七十八条 持有准驾车型为残疾人专用小型自动挡载客汽车的机动车驾驶人驾驶机动车时，应当按规定在车身设置残疾人机动车专用标志（附件4）。

有听力障碍的机动车驾驶人驾驶机动车时，应当佩戴助听设备。有视力矫正的机动车驾驶人驾驶机动车时，应当佩戴眼镜。

第七十九条 机动车驾驶人有下列情形之一的，车辆管理所应当注销其机动车驾驶证：

（一）死亡的；

（二）提出注销申请的；

（三）丧失民事行为能力，监护人提出注销申请的；

（四）身体条件不适合驾驶机动车的；

（五）有器质性心脏病、癫痫病、美尼尔氏症、眩晕症、癔病、震颤麻痹、精神病、痴呆以及影响肢体活动的神经系统疾病等妨碍安全驾驶疾病的；

（六）被查获有吸食、注射毒品后驾驶机动车行为，依法被责令社区戒毒、社区康复或者决定强制隔离戒毒，或者长期服用依赖性精神药品成瘾尚未戒除的；

（七）代替他人参加机动车驾驶人考试的；

（八）超过机动车驾驶证有效期一年以上未换证的；

（九）年龄在70周岁以上，在一个记分周期结束后一年内未提交身体条件证明的；或者持有残疾人专用小型自动挡载客汽车准驾车型，在三个记分周期结束后一年内未提交身体条件证明的；

（十）年龄在63周岁以上，所持机动车驾驶证只具有轮式专用机械车、无轨电车或者有轨电车准驾车型，且未经车辆管理所核准延期申请的，或者年龄在70周岁以上，所持机动车驾驶证只具有低速载货汽车、三轮汽车准驾车型的；

（十一）机动车驾驶证依法被吊销或者驾驶许可依法被撤销的。

有第一款第二项至第十一项情形之一，未收回机动车驾驶证的，应当公告机动车驾驶证作废。

有第一款第八项情形被注销机动车驾驶证未超过二年的，机动车驾驶人参加道路交通安全法律、法规和相关知识考试合格后，可以恢复驾驶资格。申请人可以向机动车驾驶证核发地或者核发地以外的车辆管理所申请。

有第一款第九项情形被注销机动车驾驶证，机动车驾驶证在有效期内或者超过有效期不满一年的，机动车驾驶人提交身体条件证明后，可以恢复驾驶资格。申请人可以向机动车驾驶证核发地或者核发地以外的车辆管理所申请。

有第一款第二项至第九项情形之一，按照第二十七条规定申请机动车驾驶证，有道路交通安全违法行为或者交通事故未处理记录的，应当将道路交通安全违法行为、交通事故处理完毕。

第八十条 机动车驾驶人在实习期内发生的道路交通安全违法行为被记满12分的，注销其实习的准驾车型驾驶资格。

第八十一条 机动车驾驶人联系电话、联系地址等信息发生变化的，应当在信息变更后三十日内，向驾驶证核发地车辆管理所备案。

持有大型客车、重型牵引挂车、城市公交车、中型客车、大型货车驾驶证的驾驶人从业单位等信息发生变化的，应当在信息变更后三十日内，向从业单位所在地车辆管理所备案。

第八十二条 道路运输企业应当定期将聘用的机动车驾驶人向所在地公安机关交通管理部门备案，督促及时处理道路交通安全违法行为、交通事故和参加机动车驾驶证审验。

公安机关交通管理部门应当每月向辖区内交通运输主管部门、运输企业通报机动车驾驶人的道路交通安全违法行为、记分和交通事故等情况。

第八十三条 车辆管理所在办理驾驶证核发及相关业务过程中发现存在以下情形的，应当及时开展调查：

（一）涉嫌提交虚假申请材料的；

（二）涉嫌在考试过程中有贿赂、舞弊行为的；

（三）涉嫌以欺骗、贿赂等不正当手段取得机动车驾驶证的；

（四）涉嫌使用伪造、变造的机动车驾驶证的；

（五）存在短期内频繁补换领、转出转入驾驶证等异常情形的；

（六）存在其他违法违规情形的。

车辆管理所发现申请人通过互联网办理驾驶证补证、换证等业务存在前款规定嫌疑情形的，应当转为现场办理，当场审查申请材料，及时开展调查。

第八十四条　车辆管理所开展调查时，可以通知申请人协助调查，询问嫌疑情况，记录调查内容，并可以采取实地检查、调取档案、调取考试视频监控等方式进行核查。

对经调查发现涉及行政案件或者刑事案件的，应当依法采取必要的强制措施或者其他处置措施，移交有管辖权的公安机关按照《公安机关办理行政案件程序规定》《公安机关办理刑事案件程序规定》等规定办理。

第八十五条　办理残疾人专用小型自动挡载客汽车驾驶证业务时，提交的身体条件证明应当由经省级卫生健康行政部门认定的专门医疗机构出具。办理其他机动车驾驶证业务时，提交的身体条件证明应当由县级、部队团级以上医疗机构，或者经地市级以上卫生健康行政部门认定的具有健康体检资质的二级以上医院、乡镇卫生院、社区卫生服务中心、健康体检中心等医疗机构出具。

身体条件证明自出具之日起六个月内有效。

公安机关交通管理部门应当会同卫生健康行政部门在办公场所和互联网公示辖区内可以出具有关身体条件证明的医疗机构名称、地址及联系方式。

第八十六条 医疗机构出具虚假身体条件证明的，公安机关交通管理部门应当停止认可该医疗机构出具的证明，并通报卫生健康行政部门。

第二章　道路通行条件

《道路交通安全法》

第二十五条　全国实行统一的道路交通信号。

交通信号包括交通信号灯、交通标志、交通标线和交通警察的指挥。

交通信号灯、交通标志、交通标线的设置应当符合道路交通安全、畅通的要求和国家标准，并保持清晰、醒目、准确、完好。

根据通行需要，应当及时增设、调换、更新道路交通信号。增设、调换、更新限制性的道路交通信号，应当提前向社会公告，广泛进行宣传。

第二十六条　交通信号灯由红灯、绿灯、黄灯组成。红灯表示禁止通行，绿灯表示准许通行，黄灯表示警示。

第二十七条　铁路与道路平面交叉的道口，应当设置警示灯、警示标志或者安全防护设施。无人看守的铁路道口，应当在距道口一定距离处设置警示标志。

第二十八条　任何单位和个人不得擅自设置、移动、占用、损毁交通信号灯、交通标志、交通标线。

道路两侧及隔离带上种植的树木或者其他植物，设置的广告牌、管线等，应当与交通设施保持必要的距离，不得遮挡路灯、交通信号灯、交通标志，不得妨碍安全视距，不得影响通行。

第二十九条 道路、停车场和道路配套设施的规划、设计、建设，应当符合道路交通安全、畅通的要求，并根据交通需求及时调整。

公安机关交通管理部门发现已经投入使用的道路存在交通事故频发路段，或者停车场、道路配套设施存在交通安全严重隐患的，应当及时向当地人民政府报告，并提出防范交通事故、消除隐患的建议，当地人民政府应当及时作出处理决定。

第三十条 道路出现坍塌、坑漕、水毁、隆起等损毁或者交通信号灯、交通标志、交通标线等交通设施损毁、灭失的，道路、交通设施的养护部门或者管理部门应当设置警示标志并及时修复。

公安机关交通管理部门发现前款情形，危及交通安全，尚未设置警示标志的，应当及时采取安全措施，疏导交通，并通知道路、交通设施的养护部门或者管理部门。

第三十一条 未经许可，任何单位和个人不得占用道路从事非交通活动。

第三十二条 因工程建设需要占用、挖掘道路，或者跨越、穿越道路架设、增设管线设施，应当事先征得道路主管部门的同意；影响交通安全的，还应当征得公安机关交通管理部门的同意。

施工作业单位应当在经批准的路段和时间内施工作业，并在距离施工作业地点来车方向安全距离处设置明显的安全警示标志，采取防护措施；施工作业完毕，应当迅速清除道路上的障碍物，消除安全隐患，经道路主管部门和公安机关交通管理部门验收合格，符合通行要求后，方可恢复通行。

对未中断交通的施工作业道路，公安机关交通管理部门应当加强交通安全监督检查，维护道路交通秩序。

第三十三条　新建、改建、扩建的公共建筑、商业街区、居住区、大（中）型建筑等，应当配建、增建停车场；停车泊位不足的，应当及时改建或者扩建；投入使用的停车场不得擅自停止使用或者改作他用。

在城市道路范围内，在不影响行人、车辆通行的情况下，政府有关部门可以施划停车泊位。

第三十四条　学校、幼儿园、医院、养老院门前的道路没有行人过街设施的，应当施划人行横道线，设置提示标志。

城市主要道路的人行道，应当按照规划设置盲道。盲道的设置应当符合国家标准。

《道路交通安全法实施条例》

第二十九条 交通信号灯分为：机动车信号灯、非机动车信号灯、人行横道信号灯、车道信号灯、方向指示信号灯、闪光警告信号灯、道路与铁路平面交叉道口信号灯。

第三十条 交通标志分为：指示标志、警告标志、禁令标志、指路标志、旅游区标志、道路施工安全标志和辅助标志。

道路交通标线分为：指示标线、警告标线、禁止标线。

第三十一条 交通警察的指挥分为：手势信号和使用器具的交通指挥信号。

第三十二条 道路交叉路口和行人横过道路较为集中的路段应当设置人行横道、过街天桥或者过街地下通道。

在盲人通行较为集中的路段，人行横道信号灯应当设置声响提示装置。

第三十三条 城市人民政府有关部门可以在不影响行人、车辆通行的情况下，在城市道路上施划停车泊位，并规定停车泊位的使用时间。

第三十四条 开辟或者调整公共汽车、长途汽车的行驶路线或者车站，应当符合交通规划和安全、畅通的要求。

第三十五条 道路养护施工单位在道路上进行养护、维修时，应当按照规定设置规范的安全警示标志和安全防护设施。道路养护施工作业车辆、机械应当安装示警灯，喷涂明显的标志图案，作业时应当开启示警灯和危险报警闪光灯。对未中断交通的施工作业道路，公安机关交通管理部门应当加强交通安全监督检查。发生交通阻塞时，及时做好分流、疏导，维护交通秩序。

道路施工需要车辆绕行的，施工单位应当在绕行处设置标志；不能绕行的，应当修建临时通道，保证车辆和行人通行。需要封闭道路中断交通的，除紧急情况外，应当提前5日向社会公告。

第三十六条 道路或者交通设施养护部门、管理部门应当在急弯、陡坡、临崖、临水等危险路段，按照国家标准设置警告标志和安全防护设施。

第三十七条 道路交通标志、标线不规范，机动车驾驶人容易发生辨认错误的，交通标志、标线的主管部门应当及时予以改善。

道路照明设施应当符合道路建设技术规范，保持照明功能完好。

第三章　道路通行规定

第一节　一般规定

《道路交通安全法》

第三十五条　机动车、非机动车实行右侧通行。

第三十六条　根据道路条件和通行需要，道路划分为机动车道、非机动车道和人行道的，机动车、非机动车、行人实行分道通行。没有划分机动车道、非机动车道和人行道的，机动车在道路中间通行，非机动车和行人在道路两侧通行。

第三十七条　道路划设专用车道的，在专用车道内，只准许规定的车辆通行，其他车辆不得进入专用车道内行驶。

第三十八条　车辆、行人应当按照交通信号通行；遇有交通警察现场指挥时，应当按照交通警察的指挥通行；在没有交通信号的道路上，应当在确保安全、畅通的原则下通行。

第三十九条　公安机关交通管理部门根据道路和交通流量的具体情况，可以对机动车、非机动车、行人采取疏导、限制通行、禁止通行等措施。遇有大型群众性活动、大范围施工等情况，需要采取限制交通的措施，或者作出与公众的道路交通活动直接有关的决定，应当提前向社会公告。

第四十条　遇有自然灾害、恶劣气象条件或者重大交通事故等严重影响交通安全的情形，采取其他措施难以保证交通安全时，公安机关交通管理部门可以实行交通管制。

第四十一条　有关道路通行的其他具体规定，由国务院规定。

《道路交通安全法实施条例》

第三十八条　机动车信号灯和非机动车信号灯表示：

（一）绿灯亮时，准许车辆通行，但转弯的车辆不得妨碍被放行的直行车辆、行人通行；

（二）黄灯亮时，已越过停止线的车辆可以继续通行；

（三）红灯亮时，禁止车辆通行。

在未设置非机动车信号灯和人行横道信号灯的路口，非机动车和行人应当按照机动车信号灯的表示通行。

红灯亮时，右转弯的车辆在不妨碍被放行的车辆、行人通行的情况下，可以通行。

第三十九条　人行横道信号灯表示：

（一）绿灯亮时，准许行人通过人行横道；

（二）红灯亮时，禁止行人进入人行横道，但是已经进入人行横道的，可以继续通过或者在道路中心线处停留等候。

第四十条 车道信号灯表示：

（一）绿色箭头灯亮时，准许本车道车辆按指示方向通行；

（二）红色叉形灯或者箭头灯亮时，禁止本车道车辆通行。

第四十一条 方向指示信号灯的箭头方向向左、向上、向右分别表示左转、直行、右转。

第四十二条 闪光警告信号灯为持续闪烁的黄灯，提示车辆、行人通行时注意瞭望，确认安全后通过。

第四十三条 道路与铁路平面交叉道口有两个红灯交替闪烁或者一个红灯亮时，表示禁止车辆、行人通行；红灯熄灭时，表示允许车辆、行人通行。

第二节 机动车通行规定

《道路交通安全法》

第四十二条 机动车上道路行驶，不得超过限速标志标明的最高时速。在没有限速标志的路段，应当保持安全车速。

夜间行驶或者在容易发生危险的路段行驶，以及遇有沙尘、冰雹、雨、雪、雾、结冰等气象条件时，应当降低行驶速度。

第四十三条　同车道行驶的机动车，后车应当与前车保持足以采取紧急制动措施的安全距离。有下列情形之一的，不得超车：

（一）前车正在左转弯、掉头、超车的；

（二）与对面来车有会车可能的；

（三）前车为执行紧急任务的警车、消防车、救护车、工程救险车的；

（四）行经铁路道口、交叉路口、窄桥、弯道、陡坡、隧道、人行横道、市区交通流量大的路段等没有超车条件的。

第四十四条　机动车通过交叉路口，应当按照交通信号灯、交通标志、交通标线或者交通警察的指挥通过；通过没有交通信号灯、交通标志、交通标线或者交通警察指挥的交叉路口时，应当减速慢行，并让行人和优先通行的车辆先行。

第四十五条　机动车遇有前方车辆停车排队等候或者缓慢行驶时，不得借道超车或者占用对面车道，不得穿插等候的车辆。

在车道减少的路段、路口，或者在没有交通信号灯、交通标志、交通标线或者交通警察指挥的交叉路口遇到停车排队等候或者缓慢行驶时，机动车应当依次交替通行。

第四十六条　机动车通过铁路道口时，应当按照交通信号或者管理人员的指挥通行；没有交通信号或者管理人员的，应当减速或者停车，在确认安全后通过。

第四十七条 机动车行经人行横道时，应当减速行驶；遇行人正在通过人行横道，应当停车让行。

机动车行经没有交通信号的道路时，遇行人横过道路，应当避让。

第四十八条 机动车载物应当符合核定的载质量，严禁超载；载物的长、宽、高不得违反装载要求，不得遗洒、飘散载运物。

机动车运载超限的不可解体的物品，影响交通安全的，应当按照公安机关交通管理部门指定的时间、路线、速度行驶，悬挂明显标志。在公路上运载超限的不可解体的物品，并应当依照公路法的规定执行。

机动车载运爆炸物品、易燃易爆化学物品以及剧毒、放射性等危险物品，应当经公安机关批准后，按指定的时间、路线、速度行驶，悬挂警示标志并采取必要的安全措施。

第四十九条 机动车载人不得超过核定的人数，客运机动车不得违反规定载货。

第五十条 禁止货运机动车载客。

货运机动车需要附载作业人员的，应当设置保护作业人员的安全措施。

第五十一条 机动车行驶时，驾驶人、乘坐人员应当按规定使用安全带，摩托车驾驶人及乘坐人员应当按规定戴安全头盔。

第五十二条 机动车在道路上发生故障，需要停车排除故障时，驾驶人应当立即开启危险报警闪光灯，将机动车移至不妨碍交通的地方停放；难以移动的，应当持续开启危险报警闪光灯，并在来车方向设置警告标志等措施扩大示警距离，必要时迅速报警。

第五十三条 警车、消防车、救护车、工程救险车执行紧急任务时，可以使用警报器、标志灯具；在确保安全的前提下，不受行驶路线、行驶方向、行驶速度和信号灯的限制，其他车辆和行人应当让行。

警车、消防车、救护车、工程救险车非执行紧急任务时，不得使用警报器、标志灯具，不享有前款规定的道路优先通行权。

第五十四条 道路养护车辆、工程作业车进行作业时，在不影响过往车辆通行的前提下，其行驶路线和方向不受交通标志、标线限制，过往车辆和人员应当注意避让。

洒水车、清扫车等机动车应当按照安全作业标准作业；在不影响其他车辆通行的情况下，可以不受车辆分道行驶的限制，但是不得逆向行驶。

第五十五条 高速公路、大中城市中心城区内的道路，禁止拖拉机通行。其他禁止拖拉机通行的道路，由省、自治区、直辖市人民政府根据当地实际情况规定。

在允许拖拉机通行的道路上，拖拉机可以从事货运，但是不得用于载人。

第五十六条 机动车应当在规定地点停放。禁止在人行道上停放机动车；但是，依照本法第三十三条规定施划的停车泊位除外。

在道路上临时停车的，不得妨碍其他车辆和行人通行。

《道路交通安全法实施条例》

第四十四条 在道路同方向划有2条以上机动车道的，左侧为快速车道，右侧为慢速车道。在快速车道行驶的机动车应当按照快速车道规定的速度行驶，未达到快速车道规定的行驶速度的，应当在慢速车道行驶。摩托车应当在最右侧车道行驶。有交通标志标明行驶速度的，按照标明的行驶速度行驶。慢速车道内的机动车超越前车时，可以借用快速车道行驶。

在道路同方向划有2条以上机动车道的，变更车道的机动车不得影响相关车道内行驶的机动车的正常行驶。

第四十五条 机动车在道路上行驶不得超过限速标志、标线标明的速度。在没有限速标志、标线的道路上，机动车不得超过下列最高行驶速度：

（一）没有道路中心线的道路，城市道路为每小时30公里，公路为每小时40公里；

（二）同方向只有1条机动车道的道路，城市道路为每小时50公里，公路为每小时70公里。

第四十六条　机动车行驶中遇有下列情形之一的，最高行驶速度不得超过每小时30公里，其中拖拉机、电瓶车、轮式专用机械车不得超过每小时15公里：

（一）进出非机动车道，通过铁路道口、急弯路、窄路、窄桥时；

（二）掉头、转弯、下陡坡时；

（三）遇雾、雨、雪、沙尘、冰雹，能见度在50米以内时；

（四）在冰雪、泥泞的道路上行驶时；

（五）牵引发生故障的机动车时。

第四十七条　机动车超车时，应当提前开启左转向灯、变换使用远、近光灯或者鸣喇叭。在没有道路中心线或者同方向只有1条机动车道的道路上，前车遇后车发出超车信号时，在条件许可的情况下，应当降低速度、靠右让路。后车应当在确认有充足的安全距离后，从前车的左侧超越，在与被超车辆拉开必要的安全距离后，开启右转向灯，驶回原车道。

第四十八条 在没有中心隔离设施或者没有中心线的道路上，机动车遇相对方向来车时应当遵守下列规定：

（一）减速靠右行驶，并与其他车辆、行人保持必要的安全距离；

（二）在有障碍的路段，无障碍的一方先行；但有障碍的一方已驶入障碍路段而无障碍的一方未驶入时，有障碍的一方先行；

（三）在狭窄的坡路，上坡的一方先行；但下坡的一方已行至中途而上坡的一方未上坡时，下坡的一方先行；

（四）在狭窄的山路，不靠山体的一方先行；

（五）夜间会车应当在距相对方向来车150米以外改用近光灯，在窄路、窄桥与非机动车会车时应当使用近光灯。

第四十九条 机动车在有禁止掉头或者禁止左转弯标志、标线的地点以及在铁路道口、人行横道、桥梁、急弯、陡坡、隧道或者容易发生危险的路段，不得掉头。

机动车在没有禁止掉头或者没有禁止左转弯标志、标线的地点可以掉头，但不得妨碍正常行驶的其他车辆和行人的通行。

第五十条 机动车倒车时，应当察明车后情况，确认安全后倒车。不得在铁路道口、交叉路口、单行路、桥梁、急弯、陡坡或者隧道中倒车。

第五十一条　机动车通过有交通信号灯控制的交叉路口，应当按照下列规定通行：

（一）在划有导向车道的路口，按所需行进方向驶入导向车道；

（二）准备进入环形路口的让已在路口内的机动车先行；

（三）向左转弯时，靠路口中心点左侧转弯。转弯时开启转向灯，夜间行驶开启近光灯；

（四）遇放行信号时，依次通过；

（五）遇停止信号时，依次停在停止线以外。没有停止线的，停在路口以外；

（六）向右转弯遇有同车道前车正在等候放行信号时，依次停车等候；

（七）在没有方向指示信号灯的交叉路口，转弯的机动车让直行的车辆、行人先行。相对方向行驶的右转弯机动车让左转弯车辆先行。

第五十二条　机动车通过没有交通信号灯控制也没有交通警察指挥的交叉路口，除应当遵守第五十一条第（二）项、第（三）项的规定外，还应当遵守下列规定：

（一）有交通标志、标线控制的，让优先通行的一方先行；

（二）没有交通标志、标线控制的，在进入路口前停车瞭望，让右方道路的来车先行；

（三）转弯的机动车让直行的车辆先行；

（四）相对方向行驶的右转弯的机动车让左转弯的车辆先行。

第五十三条 机动车遇有前方交叉路口交通阻塞时，应当依次停在路口以外等候，不得进入路口。

机动车在遇有前方机动车停车排队等候或者缓慢行驶时，应当依次排队，不得从前方车辆两侧穿插或者超越行驶，不得在人行横道、网状线区域内停车等候。

机动车在车道减少的路口、路段，遇有前方机动车停车排队等候或者缓慢行驶的，应当每车道一辆依次交替驶入车道减少后的路口、路段。

第五十四条 机动车载物不得超过机动车行驶证上核定的载质量，装载长度、宽度不得超出车厢，并应当遵守下列规定：

（一）重型、中型载货汽车，半挂车载物，高度从地面起不得超过4米，载运集装箱的车辆不得超过4.2米；

（二）其他载货的机动车载物，高度从地面起不得超过2.5米；

（三）摩托车载物，高度从地面起不得超过1.5米，长度不得超出车身0.2米。两轮摩托车载物宽度左右各不得超出车把0.15米；三轮摩托车载物宽度不得超过车身。

载客汽车除车身外部的行李架和内置的行李箱外，不得载货。载客汽车行李架载货，从车顶起高度不得超过0.5米，从地面起高度不得超过4米。

第五十五条　机动车载人应当遵守下列规定：

（一）公路载客汽车不得超过核定的载客人数，但按照规定免票的儿童除外，在载客人数已满的情况下，按照规定免票的儿童不得超过核定载客人数的10%；

（二）载货汽车车厢不得载客。在城市道路上，货运机动车在留有安全位置的情况下，车厢内可以附载临时作业人员1人至5人；载物高度超过车厢栏板时，货物上不得载人；

（三）摩托车后座不得乘坐未满12周岁的未成年人，轻便摩托车不得载人。

第五十六条　机动车牵引挂车应当符合下列规定：

（一）载货汽车、半挂牵引车、拖拉机只允许牵引1辆挂车。挂车的灯光信号、制动、连接、安全防护等装置应当符合国家标准；

（二）小型载客汽车只允许牵引旅居挂车或者总质量700千克以下的挂车。挂车不得载人；

（三）载货汽车所牵引挂车的载质量不得超过载货汽车本身的载质量。

大型、中型载客汽车，低速载货汽车，三轮汽车以及其他机动车不得牵引挂车。

第五十七条 机动车应当按照下列规定使用转向灯：

（一）向左转弯、向左变更车道、准备超车、驶离停车地点或者掉头时，应当提前开启左转向灯；

（二）向右转弯、向右变更车道、超车完毕驶回原车道、靠路边停车时，应当提前开启右转向灯。

第五十八条 机动车在夜间没有路灯、照明不良或者遇有雾、雨、雪、沙尘、冰雹等低能见度情况下行驶时，应当开启前照灯、示廓灯和后位灯，但同方向行驶的后车与前车近距离行驶时，不得使用远光灯。机动车雾天行驶应当开启雾灯和危险报警闪光灯。

第五十九条 机动车在夜间通过急弯、坡路、拱桥、人行横道或者没有交通信号灯控制的路口时，应当交替使用远近光灯示意。

机动车驶近急弯、坡道顶端等影响安全视距的路段以及超车或者遇有紧急情况时，应当减速慢行，并鸣喇叭示意。

第六十条 机动车在道路上发生故障或者发生交通事故，妨碍交通又难以移动的，应当按照规定开启危险报警闪光灯并在车后50米至100米处设置警告标志，夜间还应当同时开启示廓灯和后位灯。

第六十一条 牵引故障机动车应当遵守下列规定：

（一）被牵引的机动车除驾驶人外不得载人，不得拖带挂车；

（二）被牵引的机动车宽度不得大于牵引机动车的宽度；

（三）使用软连接牵引装置时，牵引车与被牵引车之间的距离应当大于4米小于10米；

（四）对制动失效的被牵引车，应当使用硬连接牵引装置牵引；

（五）牵引车和被牵引车均应当开启危险报警闪光灯。

汽车吊车和轮式专用机械车不得牵引车辆。摩托车不得牵引车辆或者被其他车辆牵引。

转向或者照明、信号装置失效的故障机动车，应当使用专用清障车拖曳。

第六十二条 驾驶机动车不得有下列行为：

（一）在车门、车厢没有关好时行车；

（二）在机动车驾驶室的前后窗范围内悬挂、放置妨碍驾驶人视线的物品；

（三）拨打接听手持电话、观看电视等妨碍安全驾驶的行为；

（四）下陡坡时熄火或者空挡滑行；

（五）向道路上抛撒物品；

（六）驾驶摩托车手离车把或者在车把上悬挂物品；

（七）连续驾驶机动车超过4小时未停车休息或者停车休息时间少于20分钟；

（八）在禁止鸣喇叭的区域或者路段鸣喇叭。

第六十三条 机动车在道路上临时停车，应当遵守下列规定：

（一）在设有禁停标志、标线的路段，在机动车道与非机动车道、人行道之间设有隔离设施的路段以及人行横道、施工地段，不得停车；

（二）交叉路口、铁路道口、急弯路、宽度不足4米的窄路、桥梁、陡坡、隧道以及距离上述地点50米以内的路段，不得停车；

（三）公共汽车站、急救站、加油站、消防栓或者消防队（站）门前以及距离上述地点30米以内的路段，除使用上述设施的以外，不得停车；

（四）车辆停稳前不得开车门和上下人员，开关车门不得妨碍其他车辆和行人通行；

（五）路边停车应当紧靠道路右侧，机动车驾驶人不得离车，上下人员或者装卸物品后，立即驶离；

（六）城市公共汽车不得在站点以外的路段停车上下乘客。

第六十四条 机动车行经漫水路或者漫水桥时，应当停车察明水情，确认安全后，低速通过。

第六十五条 机动车载运超限物品行经铁路道口的，应当按照当地铁路部门指定的铁路道口、时间通过。

机动车行经渡口，应当服从渡口管理人员指挥，按照指定地点依次待渡。机动车上下渡船时，应当低速慢行。

第六十六条 警车、消防车、救护车、工程救险车在执行紧急任务遇交通受阻时，可以断续使用警报器，并遵守下列规定：

（一）不得在禁止使用警报器的区域或者路段使用警报器；

（二）夜间在市区不得使用警报器；

（三）列队行驶时，前车已经使用警报器的，后车不再使用警报器。

第六十七条 在单位院内、居民居住区内，机动车应当低速行驶，避让行人；有限速标志的，按照限速标志行驶。

第三节 非机动车通行规定

《道路交通安全法》

第五十七条 驾驶非机动车在道路上行驶应当遵守有关交通安全的规定。非机动车应当在非机动车道内行驶；在没有非机动车道的道路上，应当靠车行道的右侧行驶。

第五十八条 残疾人机动轮椅车、电动自行车在非机动车道内行驶时，最高时速不得超过十五公里。

第五十九条 非机动车应当在规定地点停放。未设停放地点的，非机动车停放不得妨碍其他车辆和行人通行。

第六十条 驾驭畜力车，应当使用驯服的牲畜；驾驭畜力车横过道路时，驾驭人应当下车牵引牲畜；驾驭人离开车辆时，应当拴系牲畜。

《道路交通安全法实施条例》

第六十八条 非机动车通过有交通信号灯控制的交叉路口，应当按照下列规定通行：

（一）转弯的非机动车让直行的车辆、行人优先通行；

（二）遇有前方路口交通阻塞时，不得进入路口；

（三）向左转弯时，靠路口中心点的右侧转弯；

（四）遇有停止信号时，应当依次停在路口停止线以外。没有停止线的，停在路口以外；

（五）向右转弯遇有同方向前车正在等候放行信号时，在本车道内能够转弯的，可以通行；不能转弯的，依次等候。

第六十九条 非机动车通过没有交通信号灯控制也没有交

通警察指挥的交叉路口，除应当遵守第六十八条第（一）项、第（二）项和第（三）项的规定外，还应当遵守下列规定：

（一）有交通标志、标线控制的，让优先通行的一方先行；

（二）没有交通标志、标线控制的，在路口外慢行或者停车瞭望，让右方道路的来车先行；

（三）相对方向行驶的右转弯的非机动车让左转弯的车辆先行。

第七十条　驾驶自行车、电动自行车、三轮车在路段上横过机动车道，应当下车推行，有人行横道或者行人过街设施的，应当从人行横道或者行人过街设施通过；没有人行横道、没有行人过街设施或者不便使用行人过街设施的，在确认安全后直行通过。

因非机动车道被占用无法在本车道内行驶的非机动车，可以在受阻的路段借用相邻的机动车道行驶，并在驶过被占用路段后迅速驶回非机动车道。机动车遇此情况应当减速让行。

第七十一条　非机动车载物，应当遵守下列规定：

（一）自行车、电动自行车、残疾人机动轮椅车载物，高度从地面起不得超过1.5米，宽度左右各不得超出车把0.15米，长度前端不得超出车轮，后端不得超出车身0.3米；

（二）三轮车、人力车载物，高度从地面起不得超过2米，宽度左右各不得超出车身0.2米，长度不得超出车身1米；

（三）畜力车载物，高度从地面起不得超过2.5米，宽度左右各不得超出车身0.2米，长度前端不得超出车辕，后端不得超出车身1米。

自行车载人的规定，由省、自治区、直辖市人民政府根据当地实际情况制定。

第七十二条 在道路上驾驶自行车、三轮车、电动自行车、残疾人机动轮椅车应当遵守下列规定：

（一）驾驶自行车、三轮车必须年满12周岁；

（二）驾驶电动自行车和残疾人机动轮椅车必须年满16周岁；

（三）不得醉酒驾驶；

（四）转弯前应当减速慢行，伸手示意，不得突然猛拐，超越前车时不得妨碍被超越的车辆行驶；

（五）不得牵引、攀扶车辆或者被其他车辆牵引，不得双手离把或者手中持物；

（六）不得扶身并行、互相追逐或者曲折竞驶；

（七）不得在道路上骑独轮自行车或者2人以上骑行的自行车；

（八）非下肢残疾的人不得驾驶残疾人机动轮椅车；

（九）自行车、三轮车不得加装动力装置；

（十）不得在道路上学习驾驶非机动车。

第七十三条　在道路上驾驭畜力车应当年满16周岁，并遵守下列规定：

（一）不得醉酒驾驭；

（二）不得并行，驾驭人不得离开车辆；

（三）行经繁华路段、交叉路口、铁路道口、人行横道、急弯路、宽度不足4米的窄路或者窄桥、陡坡、隧道或者容易发生危险的路段，不得超车。驾驭两轮畜力车应当下车牵引牲畜；

（四）不得使用未经驯服的牲畜驾车，随车幼畜须拴系；

（五）停放车辆应当拉紧车闸，拴系牲畜。

第四节　行人和乘车人通行规定

《道路交通安全法》

第六十一条　行人应当在人行道内行走，没有人行道的靠路边行走。

第六十二条　行人通过路口或者横过道路，应当走人行横道或者过街设施；通过有交通信号灯的人行横道，应当按照交通信号灯指示通行；通过没有交通信号灯、人行横道的路口，或者在没有过街设施的路段横过道路，应当在确认安全后通过。

第六十三条 行人不得跨越、倚坐道路隔离设施，不得扒车、强行拦车或者实施妨碍道路交通安全的其他行为。

第六十四条 学龄前儿童以及不能辨认或者不能控制自己行为的精神疾病患者、智力障碍者在道路上通行，应当由其监护人、监护人委托的人或者对其负有管理、保护职责的人带领。

盲人在道路上通行，应当使用盲杖或者采取其他导盲手段，车辆应当避让盲人。

第六十五条 行人通过铁路道口时，应当按照交通信号或者管理人员的指挥通行；没有交通信号和管理人员的，应当在确认无火车驶临后，迅速通过。

第六十六条 乘车人不得携带易燃易爆等危险物品，不得向车外抛洒物品，不得有影响驾驶人安全驾驶的行为。

《道路交通安全法实施条例》

第七十四条 行人不得有下列行为：

（一）在道路上使用滑板、旱冰鞋等滑行工具；

（二）在车行道内坐卧、停留、嬉闹；

（三）追车、抛物击车等妨碍道路交通安全的行为。

第七十五条　行人横过机动车道，应当从行人过街设施通过；没有行人过街设施的，应当从人行横道通过；没有人行横道的，应当观察来往车辆的情况，确认安全后直行通过，不得在车辆临近时突然加速横穿或者中途倒退、折返。

第七十六条　行人列队在道路上通行，每横列不得超过2人，但在已经实行交通管制的路段不受限制。

第七十七条　乘坐机动车应当遵守下列规定：

（一）不得在机动车道上拦乘机动车；

（二）在机动车道上不得从机动车左侧上下车；

（三）开关车门不得妨碍其他车辆和行人通行；

（四）机动车行驶中，不得干扰驾驶，不得将身体任何部分伸出车外，不得跳车；

（五）乘坐两轮摩托车应当正向骑坐。

第五节　高速公路的特别规定

《道路交通安全法》

第六十七条　行人、非机动车、拖拉机、轮式专用机械车、铰接式客车、全挂拖斗车以及其他设计最高时速低于七十公里的机动车，不得进入高速公路。高速公路限速标志标明的最高时速不得超过一百二十公里。

第六十八条 机动车在高速公路上发生故障时，应当依照本法第五十二条的有关规定办理；但是，警告标志应当设置在故障车来车方向一百五十米以外，车上人员应当迅速转移到右侧路肩上或者应急车道内，并且迅速报警。

机动车在高速公路上发生故障或者交通事故，无法正常行驶的，应当由救援车、清障车拖曳、牵引。

第六十九条 任何单位、个人不得在高速公路上拦截检查行驶的车辆，公安机关的人民警察依法执行紧急公务除外。

《道路交通安全法实施条例》

第七十八条 高速公路应当标明车道的行驶速度，最高车速不得超过每小时120公里，最低车速不得低于每小时60公里。

在高速公路上行驶的小型载客汽车最高车速不得超过每小时120公里，其他机动车不得超过每小时100公里，摩托车不得超过每小时80公里。

同方向有2条车道的，左侧车道的最低车速为每小时100公里；同方向有3条以上车道的，最左侧车道的最低车速为每小时110公里，中间车道的最低车速为每小时90公里。道路限速标志标明的车速与上述车道行驶车速的规定不一致的，按照道路限速标志标明的车速行驶。

第七十九条　机动车从匝道驶入高速公路，应当开启左转向灯，在不妨碍已在高速公路内的机动车正常行驶的情况下驶入车道。

机动车驶离高速公路时，应当开启右转向灯，驶入减速车道，降低车速后驶离。

第八十条　机动车在高速公路上行驶，车速超过每小时100公里时，应当与同车道前车保持100米以上的距离，车速低于每小时100公里时，与同车道前车距离可以适当缩短，但最小距离不得少于50米。

第八十一条　机动车在高速公路上行驶，遇有雾、雨、雪、沙尘、冰雹等低能见度气象条件时，应当遵守下列规定：

（一）能见度小于200米时，开启雾灯、近光灯、示廓灯和前后位灯，车速不得超过每小时60公里，与同车道前车保持100米以上的距离；

（二）能见度小于100米时，开启雾灯、近光灯、示廓灯、前后位灯和危险报警闪光灯，车速不得超过每小时40公里，与同车道前车保持50米以上的距离；

（三）能见度小于50米时，开启雾灯、近光灯、示廓灯、前后位灯和危险报警闪光灯，车速不得超过每小时20公里，并从最近的出口尽快驶离高速公路。

遇有前款规定情形时，高速公路管理部门应当通过显示屏等方式发布速度限制、保持车距等提示信息。

第八十二条 机动车在高速公路上行驶，不得有下列行为：

（一）倒车、逆行、穿越中央分隔带掉头或者在车道内停车；

（二）在匝道、加速车道或者减速车道上超车；

（三）骑、轧车行道分界线或者在路肩上行驶；

（四）非紧急情况时在应急车道行驶或者停车；

（五）试车或者学习驾驶机动车。

第八十三条 在高速公路上行驶的载货汽车车厢不得载人。两轮摩托车在高速公路行驶时不得载人。

第八十四条 机动车通过施工作业路段时，应当注意警示标志，减速行驶。

第八十五条 城市快速路的道路交通安全管理，参照本节的规定执行。

高速公路、城市快速路的道路交通安全管理工作，省、自治区、直辖市人民政府公安机关交通管理部门可以指定设区的市人民政府公安机关交通管理部门或者相当于同级的公安机关交通管理部门承担。

第四章 法律责任

第一节 民事责任

《民法典》[①]

第一千二百零八条 机动车发生交通事故造成损害的，依照道路交通安全法律和本法的有关规定承担赔偿责任。

第一千二百零九条 因租赁、借用等情形机动车所有人、管理人与使用人不是同一人时，发生交通事故造成损害，属于该机动车一方责任的，由机动车使用人承担赔偿责任；机动车所有人、管理人对损害的发生有过错的，承担相应的赔偿责任。

第一千二百一十条 当事人之间已经以买卖或者其他方式转让并交付机动车但是未办理登记，发生交通事故造成损害，属于该机动车一方责任的，由受让人承担赔偿责任。

第一千二百一十一条 以挂靠形式从事道路运输经营活动

① 《中华人民共和国民法典》(本书简称《民法典》)，2020年5月28日第十三届全国人民代表大会第三次会议通过，2020年5月28日中华人民共和国主席令第45号公布，自2021年1月1日起施行。

的机动车，发生交通事故造成损害，属于该机动车一方责任的，由挂靠人和被挂靠人承担连带责任。

第一千二百一十二条 未经允许驾驶他人机动车，发生交通事故造成损害，属于该机动车一方责任的，由机动车使用人承担赔偿责任；机动车所有人、管理人对损害的发生有过错的，承担相应的赔偿责任，但是本章另有规定的除外。

第一千二百一十三条 机动车发生交通事故造成损害，属于该机动车一方责任的，先由承保机动车强制保险的保险人在强制保险责任限额范围内予以赔偿；不足部分，由承保机动车商业保险的保险人按照保险合同的约定予以赔偿；仍然不足或者没有投保机动车商业保险的，由侵权人赔偿。

第一千二百一十四条 以买卖或者其他方式转让拼装或者已经达到报废标准的机动车，发生交通事故造成损害的，由转让人和受让人承担连带责任。

第一千二百一十五条 盗窃、抢劫或者抢夺的机动车发生交通事故造成损害的，由盗窃人、抢劫人或者抢夺人承担赔偿责任。盗窃人、抢劫人或者抢夺人与机动车使用人不是同一人，发生交通事故造成损害，属于该机动车一方责任的，由盗窃人、抢劫人或者抢夺人与机动车使用人承担连带责任。

保险人在机动车强制保险责任限额范围内垫付抢救费用的，有权向交通事故责任人追偿。

第一千二百一十六条　机动车驾驶人发生交通事故后逃逸，该机动车参加强制保险的，由保险人在机动车强制保险责任限额范围内予以赔偿；机动车不明、该机动车未参加强制保险或者抢救费用超过机动车强制保险责任限额，需要支付被侵权人人身伤亡的抢救、丧葬等费用的，由道路交通事故社会救助基金垫付。道路交通事故社会救助基金垫付后，其管理机构有权向交通事故责任人追偿。

第一千二百一十七条　非营运机动车发生交通事故造成无偿搭乘人损害，属于该机动车一方责任的，应当减轻其赔偿责任，但是机动车使用人有故意或者重大过失的除外。

《最高人民法院关于审理道路交通事故损害赔偿案件适用法律若干问题的解释》[①]

第一条　机动车发生交通事故造成损害，机动车所有人或者管理人有下列情形之一，人民法院应当认定其对损害的发生有过错，并适用民法典第一千二百零九条的规定确定其相应的

① 2012年9月17日最高人民法院审判委员会第1556次会议通过，根据2020年12月23日最高人民法院审判委员会第1823次会议通过的《最高人民法院关于修改〈最高人民法院关于在民事审判工作中适用《中华人民共和国工会法》若干问题的解释〉等二十七件民事类司法解释的决定》修正，2020年12月29日最高人民法院公告公布，自2021年1月1日起施行，法释〔2020〕17号。

赔偿责任：

（一）知道或者应当知道机动车存在缺陷，且该缺陷是交通事故发生原因之一的；

（二）知道或者应当知道驾驶人无驾驶资格或者未取得相应驾驶资格的；

（三）知道或者应当知道驾驶人因饮酒、服用国家管制的精神药品或者麻醉药品，或者患有妨碍安全驾驶机动车的疾病等依法不能驾驶机动车的；

（四）其他应当认定机动车所有人或者管理人有过错的。

第二条 被多次转让但是未办理登记的机动车发生交通事故造成损害，属于该机动车一方责任，当事人请求由最后一次转让并交付的受让人承担赔偿责任的，人民法院应予支持。

第三条 套牌机动车发生交通事故造成损害，属于该机动车一方责任，当事人请求由套牌机动车的所有人或者管理人承担赔偿责任的，人民法院应予支持；被套牌机动车所有人或者管理人同意套牌的，应当与套牌机动车的所有人或者管理人承担连带责任。

第四条 拼装车、已达到报废标准的机动车或者依法禁止行驶的其他机动车被多次转让，并发生交通事故造成损害，当事人请求由所有的转让人和受让人承担连带责任的，人民法院应予支持。

第五条 接受机动车驾驶培训的人员，在培训活动中驾驶机动车发生交通事故造成损害，属于该机动车一方责任，当事人请求驾驶培训单位承担赔偿责任的，人民法院应予支持。

第六条 机动车试乘过程中发生交通事故造成试乘人损害，当事人请求提供试乘服务者承担赔偿责任的，人民法院应予支持。试乘人有过错的，应当减轻提供试乘服务者的赔偿责任。

第七条 因道路管理维护缺陷导致机动车发生交通事故造成损害，当事人请求道路管理者承担相应赔偿责任的，人民法院应予支持。但道路管理者能够证明已经依照法律、法规、规章的规定，或者按照国家标准、行业标准、地方标准的要求尽到安全防护、警示等管理维护义务的除外。

依法不得进入高速公路的车辆、行人，进入高速公路发生交通事故造成自身损害，当事人请求高速公路管理者承担赔偿责任的，适用民法典第一千二百四十三条的规定。

第八条 未按照法律、法规、规章或者国家标准、行业标准、地方标准的强制性规定设计、施工，致使道路存在缺陷并造成交通事故，当事人请求建设单位与施工单位承担相应赔偿责任的，人民法院应予支持。

第九条 机动车存在产品缺陷导致交通事故造成损害，当事人请求生产者或者销售者依照民法典第七编第四章的规定承担赔偿责任的，人民法院应予支持。

第十条 多辆机动车发生交通事故造成第三人损害，当事人请求多个侵权人承担赔偿责任的，人民法院应当区分不同情况，依照民法典第一千一百七十条、第一千一百七十一条、第一千一百七十二条的规定，确定侵权人承担连带责任或者按份责任。

第十一条 道路交通安全法第七十六条规定的“人身伤亡”，是指机动车发生交通事故侵害被侵权人的生命权、身体权、健康权等人身权益所造成的损害，包括民法典第一千一百七十九条和第一千一百八十三条规定的各项损害。

道路交通安全法第七十六条规定的“财产损失”，是指因机动车发生交通事故侵害被侵权人的财产权益所造成的损失。

第十二条 因道路交通事故造成下列财产损失，当事人请求侵权人赔偿的，人民法院应予支持：

（一）维修被损坏车辆所支出的费用、车辆所载物品的损失、车辆施救费用；

（二）因车辆灭失或者无法修复，为购买交通事故发生时与被损坏车辆价值相当的车辆重置费用；

（三）依法从事货物运输、旅客运输等经营性活动的车辆，因无法从事相应经营活动所产生的合理停运损失；

（四）非经营性车辆因无法继续使用，所产生的通常替代性交通工具的合理费用。

第十三条　同时投保机动车第三者责任强制保险（以下简称交强险）和第三者责任商业保险（以下简称商业三者险）的机动车发生交通事故造成损害，当事人同时起诉侵权人和保险公司的，人民法院应当依照民法典第一千二百一十三条的规定，确定赔偿责任。

被侵权人或者其近亲属请求承保交强险的保险公司优先赔偿精神损害的，人民法院应予支持。

第十四条　投保人允许的驾驶人驾驶机动车致使投保人遭受损害，当事人请求承保交强险的保险公司在责任限额范围内予以赔偿的，人民法院应予支持，但投保人为本车上人员的除外。

第十五条　有下列情形之一导致第三人人身损害，当事人请求保险公司在交强险责任限额范围内予以赔偿，人民法院应予支持：

（一）驾驶人未取得驾驶资格或者未取得相应驾驶资格的；

（二）醉酒、服用国家管制的精神药品或者麻醉药品后驾驶机动车发生交通事故的；

（三）驾驶人故意制造交通事故的。

保险公司在赔偿范围内向侵权人主张追偿权的，人民法院应予支持。追偿权的诉讼时效期间自保险公司实际赔偿之日起计算。

第十六条 未依法投保交强险的机动车发生交通事故造成损害，当事人请求投保义务人在交强险责任限额范围内予以赔偿的，人民法院应予支持。

投保义务人和侵权人不是同一人，当事人请求投保义务人和侵权人在交强险责任限额范围内承担相应责任的，人民法院应予支持。

第十七条 具有从事交强险业务资格的保险公司违法拒绝承保、拖延承保或者违法解除交强险合同，投保义务人在向第三人承担赔偿责任后，请求该保险公司在交强险责任限额范围内承担相应赔偿责任的，人民法院应予支持。

第十八条 多辆机动车发生交通事故造成第三人损害，损失超出各机动车交强险责任限额之和的，由各保险公司在各自责任限额范围内承担赔偿责任；损失未超出各机动车交强险责任限额之和，当事人请求由各保险公司按照其责任限额与责任限额之和的比例承担赔偿责任的，人民法院应予支持。

依法分别投保交强险的牵引车和挂车连接使用时发生交通事故造成第三人损害，当事人请求由各保险公司在各自的责任限额范围内平均赔偿的，人民法院应予支持。

多辆机动车发生交通事故造成第三人损害，其中部分机动车未投保交强险，当事人请求先由已承保交强险的保险公司在责任限额范围内予以赔偿的，人民法院应予支持。保险公司就超出其应承担的部分向未投保交强险的投保义务人或者侵权人行使追偿权的，人民法院应予支持。

第十九条　同一交通事故的多个被侵权人同时起诉的，人民法院应当按照各被侵权人的损失比例确定交强险的赔偿数额。

第二十条　机动车所有权在交强险合同有效期内发生变动，保险公司在交通事故发生后，以该机动车未办理交强险合同变更手续为由主张免除赔偿责任的，人民法院不予支持。

机动车在交强险合同有效期内发生改装、使用性质改变等导致危险程度增加的情形，发生交通事故后，当事人请求保险公司在责任限额范围内予以赔偿的，人民法院应予支持。

前款情形下，保险公司另行起诉请求投保义务人按照重新核定后的保险费标准补足当期保险费的，人民法院应予支持。

第二十一条　当事人主张交强险人身伤亡保险金请求权转让或者设定担保的行为无效的，人民法院应予支持。

第二十二条　人民法院审理道路交通事故损害赔偿案件，应当将承保交强险的保险公司列为共同被告。但该保险公司已经在交强险责任限额范围内予以赔偿且当事人无异议的除外。

人民法院审理道路交通事故损害赔偿案件，当事人请求将承保商业三者险的保险公司列为共同被告的，人民法院应予准许。

第二十三条 被侵权人因道路交通事故死亡，无近亲属或者近亲属不明，未经法律授权的机关或者有关组织向人民法院起诉主张死亡赔偿金的，人民法院不予受理。

侵权人以已向未经法律授权的机关或者有关组织支付死亡赔偿金为理由，请求保险公司在交强险责任限额范围内予以赔偿的，人民法院不予支持。

被侵权人因道路交通事故死亡，无近亲属或者近亲属不明，支付被侵权人医疗费、丧葬费等合理费用的单位或者个人，请求保险公司在交强险责任限额范围内予以赔偿的，人民法院应予支持。

第二十四条 公安机关交通管理部门制作的交通事故认定书，人民法院应依法审查并确认其相应的证明力，但有相反证据推翻的除外。

第二十五条 机动车在道路以外的地方通行时引发的损害赔偿案件，可以参照适用本解释的规定。

第二节　行政责任

《道路交通安全法》

第八十九条　行人、乘车人、非机动车驾驶人违反道路交通安全法律、法规关于道路通行规定的，处警告或者五元以上五十元以下罚款；非机动车驾驶人拒绝接受罚款处罚的，可以扣留其非机动车。

第九十条　机动车驾驶人违反道路交通安全法律、法规关于道路通行规定的，处警告或者二十元以上二百元以下罚款。本法另有规定的，依照规定处罚。

第九十一条　饮酒后驾驶机动车的，处暂扣六个月机动车驾驶证，并处一千元以上二千元以下罚款。因饮酒后驾驶机动车被处罚，再次饮酒后驾驶机动车的，处十日以下拘留，并处一千元以上二千元以下罚款，吊销机动车驾驶证。

醉酒驾驶机动车的，由公安机关交通管理部门约束至酒醒，吊销机动车驾驶证，依法追究刑事责任；五年内不得重新取得机动车驾驶证。

饮酒后驾驶营运机动车的，处十五日拘留，并处五千元罚款，吊销机动车驾驶证，五年内不得重新取得机动车驾驶证。

醉酒驾驶营运机动车的，由公安机关交通管理部门约束至酒醒，吊销机动车驾驶证，依法追究刑事责任；十年内不得重新取得机动车驾驶证，重新取得机动车驾驶证后，不得驾驶营运机动车。

饮酒后或者醉酒驾驶机动车发生重大交通事故，构成犯罪的，依法追究刑事责任，并由公安机关交通管理部门吊销机动车驾驶证，终生不得重新取得机动车驾驶证。

第九十二条 公路客运车辆载客超过额定乘员的，处二百元以上五百元以下罚款；超过额定乘员百分之二十或者违反规定载货的，处五百元以上二千元以下罚款。

货运机动车超过核定载质量的，处二百元以上五百元以下罚款；超过核定载质量百分之三十或者违反规定载客的，处五百元以上二千元以下罚款。

有前两款行为的，由公安机关交通管理部门扣留机动车至违法状态消除。

运输单位的车辆有本条第一款、第二款规定的情形，经处罚不改的，对直接负责的主管人员处二千元以上五千元以下罚款。

第九十三条 对违反道路交通安全法律、法规关于机动车停放、临时停车规定的，可以指出违法行为，并予以口头警告，令其立即驶离。

机动车驾驶人不在现场或者虽在现场但拒绝立即驶离，妨碍其他车辆、行人通行的，处二十元以上二百元以下罚款，并可以将该机动车拖移至不妨碍交通的地点或者公安机关交通管理部门指定的地点停放。公安机关交通管理部门拖车不得向当事人收取费用，并应当及时告知当事人停放地点。

因采取不正确的方法拖车造成机动车损坏的，应当依法承担补偿责任。

第九十四条　机动车安全技术检验机构实施机动车安全技术检验超过国务院价格主管部门核定的收费标准收取费用的，退还多收取的费用，并由价格主管部门依照《中华人民共和国价格法》的有关规定给予处罚。

机动车安全技术检验机构不按照机动车国家安全技术标准进行检验，出具虚假检验结果的，由公安机关交通管理部门处所收检验费用五倍以上十倍以下罚款，并依法撤销其检验资格；构成犯罪的，依法追究刑事责任。

第九十五条　上道路行驶的机动车未悬挂机动车号牌，未放置检验合格标志、保险标志，或者未随车携带行驶证、驾驶证的，公安机关交通管理部门应当扣留机动车，通知当事人提供相应的牌证、标志或者补办相应手续，并可以依照本法第九十条的规定予以处罚。当事人提供相应的牌证、标志或者补办相应手续的，应当及时退还机动车。

故意遮挡、污损或者不按规定安装机动车号牌的，依照本法第九十条的规定予以处罚。

第九十六条 伪造、变造或者使用伪造、变造的机动车登记证书、号牌、行驶证、驾驶证的，由公安机关交通管理部门予以收缴，扣留该机动车，处十五日以下拘留，并处二千元以上五千元以下罚款；构成犯罪的，依法追究刑事责任。

伪造、变造或者使用伪造、变造的检验合格标志、保险标志的，由公安机关交通管理部门予以收缴，扣留该机动车，处十日以下拘留，并处一千元以上三千元以下罚款；构成犯罪的，依法追究刑事责任。

使用其他车辆的机动车登记证书、号牌、行驶证、检验合格标志、保险标志的，由公安机关交通管理部门予以收缴，扣留该机动车，处二千元以上五千元以下罚款。

当事人提供相应的合法证明或者补办相应手续的，应当及时退还机动车。

第九十七条 非法安装警报器、标志灯具的，由公安机关交通管理部门强制拆除，予以收缴，并处二百元以上二千元以下罚款。

第九十八条　机动车所有人、管理人未按照国家规定投保机动车第三者责任强制保险的，由公安机关交通管理部门扣留车辆至依照规定投保后，并处依照规定投保最低责任限额应缴纳的保险费的二倍罚款。

依照前款缴纳的罚款全部纳入道路交通事故社会救助基金。具体办法由国务院规定。

第九十九条　有下列行为之一的，由公安机关交通管理部门处二百元以上二千元以下罚款：

（一）未取得机动车驾驶证、机动车驾驶证被吊销或者机动车驾驶证被暂扣期间驾驶机动车的；

（二）将机动车交由未取得机动车驾驶证或者机动车驾驶证被吊销、暂扣的人驾驶的；

（三）造成交通事故后逃逸，尚不构成犯罪的；

（四）机动车行驶超过规定时速百分之五十的；

（五）强迫机动车驾驶人违反道路交通安全法律、法规和机动车安全驾驶要求驾驶机动车，造成交通事故，尚不构成犯罪的；

（六）违反交通管制的规定强行通行，不听劝阻的；

（七）故意损毁、移动、涂改交通设施，造成危害后果，尚不构成犯罪的；

（八）非法拦截、扣留机动车辆，不听劝阻，造成交通严重阻塞或者较大财产损失的。

行为人有前款第二项、第四项情形之一的，可以并处吊销机动车驾驶证；有第一项、第三项、第五项至第八项情形之一的，可以并处十五日以下拘留。

第一百条 驾驶拼装的机动车或者已达到报废标准的机动车上道路行驶的，公安机关交通管理部门应当予以收缴，强制报废。

对驾驶前款所列机动车上道路行驶的驾驶人，处二百元以上二千元以下罚款，并吊销机动车驾驶证。

出售已达到报废标准的机动车的，没收违法所得，处销售金额等额的罚款，对该机动车依照本条第一款的规定处理。

第一百零一条 违反道路交通安全法律、法规的规定，发生重大交通事故，构成犯罪的，依法追究刑事责任，并由公安机关交通管理部门吊销机动车驾驶证。

造成交通事故后逃逸的，由公安机关交通管理部门吊销机动车驾驶证，且终生不得重新取得机动车驾驶证。

第一百零二条 对六个月内发生二次以上特大交通事故负有主要责任或者全部责任的专业运输单位，由公安机关交通管理部门责令消除安全隐患，未消除安全隐患的机动车，禁止上道路行驶。

第一百零三条 国家机动车产品主管部门未按照机动车国

家安全技术标准严格审查，许可不合格机动车型投入生产的，对负有责任的主管人员和其他直接责任人员给予降级或者撤职的行政处分。

机动车生产企业经国家机动车产品主管部门许可生产的机动车型，不执行机动车国家安全技术标准或者不严格进行机动车成品质量检验，致使质量不合格的机动车出厂销售的，由质量技术监督部门依照《中华人民共和国产品质量法》的有关规定给予处罚。

擅自生产、销售未经国家机动车产品主管部门许可生产的机动车型的，没收非法生产、销售的机动车成品及配件，可以并处非法产品价值三倍以上五倍以下罚款；有营业执照的，由工商行政管理部门吊销营业执照，没有营业执照的，予以查封。

生产、销售拼装的机动车或者生产、销售擅自改装的机动车的，依照本条第三款的规定处罚。

有本条第二款、第三款、第四款所列违法行为，生产或者销售不符合机动车国家安全技术标准的机动车，构成犯罪的，依法追究刑事责任。

第一百零四条　未经批准，擅自挖掘道路、占用道路施工或者从事其他影响道路交通安全活动的，由道路主管部门责令停止违法行为，并恢复原状，可以依法给予罚款；致使通行的人员、车辆及其他财产遭受损失的，依法承担赔偿责任。

有前款行为，影响道路交通安全活动的，公安机关交通管理部门可以责令停止违法行为，迅速恢复交通。

第一百零五条 道路施工作业或者道路出现损毁，未及时设置警示标志、未采取防护措施，或者应当设置交通信号灯、交通标志、交通标线而没有设置或者应当及时变更交通信号灯、交通标志、交通标线而没有及时变更，致使通行的人员、车辆及其他财产遭受损失的，负有相关职责的单位应当依法承担赔偿责任。

第一百零六条 在道路两侧及隔离带上种植树木、其他植物或者设置广告牌、管线等，遮挡路灯、交通信号灯、交通标志，妨碍安全视距的，由公安机关交通管理部门责令行为人排除妨碍；拒不执行的，处二百元以上二千元以下罚款，并强制排除妨碍，所需费用由行为人负担。

《道路交通安全法实施条例》

第一百零三条 以欺骗、贿赂等不正当手段取得机动车登记或者驾驶许可的，收缴机动车登记证书、号牌、行驶证或者机动车驾驶证，撤销机动车登记或者机动车驾驶许可；申请人在3年内不得申请机动车登记或者机动车驾驶许可。

第一百零四条　机动车驾驶人有下列行为之一，又无其他机动车驾驶人即时替代驾驶的，公安机关交通管理部门除依法给予处罚外，可以将其驾驶的机动车移至不妨碍交通的地点或者有关部门指定的地点停放：

（一）不能出示本人有效驾驶证的；

（二）驾驶的机动车与驾驶证载明的准驾车型不符的；

（三）饮酒、服用国家管制的精神药品或者麻醉药品、患有妨碍安全驾驶的疾病，或者过度疲劳仍继续驾驶的；

（四）学习驾驶人员没有教练人员随车指导单独驾驶的。

第一百零五条　机动车驾驶人有饮酒、醉酒、服用国家管制的精神药品或者麻醉药品嫌疑的，应当接受测试、检验。

第一百零六条　公路客运载客汽车超过核定乘员、载货汽车超过核定载质量的，公安机关交通管理部门依法扣留机动车后，驾驶人应当将超载的乘车人转运、将超载的货物卸载，费用由超载机动车的驾驶人或者所有人承担。

第一百零七条　依照道路交通安全法第九十二条、第九十五条、第九十六条、第九十八条的规定被扣留的机动车，驾驶人或者所有人、管理人30日内没有提供被扣留机动车的合法证明，没有补办相应手续，或者不前来接受处理，经公安机关交通管理部门通知并且经公告3个月仍不前来接受处理的，由公安机关交通管理部门将该机动车送交有资格的拍卖机构拍卖，所得价款上缴国库；非法拼装的机动车予以拆除；达到报废标准的机动车予以报废；机动车涉及其他违法犯罪行为的，移交有关部门处理。

《道路交通安全违法行为记分管理办法》[①]

第七条　根据交通违法行为的严重程度，一次记分的分值为12分、9分、6分、3分、1分。

第八条　机动车驾驶人有下列交通违法行为之一，一次记12分：

（一）饮酒后驾驶机动车的；

（二）造成致人轻伤以上或者死亡的交通事故后逃逸，尚不构成犯罪的；

（三）使用伪造、变造的机动车号牌、行驶证、驾驶证、校车标牌或者使用其他机动车号牌、行驶证的；

（四）驾驶校车、公路客运汽车、旅游客运汽车载人超过核定人数百分之二十以上，或者驾驶其他载客汽车载人超过核定人数百分之百以上的；

---

① 2021年12月27日公安部令第163号发布，自2022年4月1日起施行。

（五）驾驶校车、中型以上载客载货汽车、危险物品运输车辆在高速公路、城市快速路上行驶超过规定时速百分之二十以上，或者驾驶其他机动车在高速公路、城市快速路上行驶超过规定时速百分之五十以上的；

（六）驾驶机动车在高速公路、城市快速路上倒车、逆行、穿越中央分隔带掉头的；

（七）代替实际机动车驾驶人接受交通违法行为处罚和记分牟取经济利益的。

第九条 机动车驾驶人有下列交通违法行为之一，一次记9分：

（一）驾驶7座以上载客汽车载人超过核定人数百分之五十以上未达到百分之百的；

（二）驾驶校车、中型以上载客载货汽车、危险物品运输车辆在高速公路、城市快速路以外的道路上行驶超过规定时速百分之五十以上的；

（三）驾驶机动车在高速公路或者城市快速路上违法停车的；

（四）驾驶未悬挂机动车号牌或者故意遮挡、污损机动车号牌的机动车上道路行驶的；

（五）驾驶与准驾车型不符的机动车的；

（六）未取得校车驾驶资格驾驶校车的；

（七）连续驾驶中型以上载客汽车、危险物品运输车辆超过4小时未停车休息或者停车休息时间少于20分钟的。

第十条 机动车驾驶人有下列交通违法行为之一，一次记6分：

（一）驾驶校车、公路客运汽车、旅游客运汽车载人超过核定人数未达到百分之二十，或者驾驶7座以上载客汽车载人超过核定人数百分之二十以上未达到百分之五十，或者驾驶其他载客汽车载人超过核定人数百分之五十以上未达到百分之百的；

（二）驾驶校车、中型以上载客载货汽车、危险物品运输车辆在高速公路、城市快速路上行驶超过规定时速未达到百分之二十，或者在高速公路、城市快速路以外的道路上行驶超过规定时速百分之二十以上未达到百分之五十的；

（三）驾驶校车、中型以上载客载货汽车、危险物品运输车辆以外的机动车在高速公路、城市快速路上行驶超过规定时速百分之二十以上未达到百分之五十，或者在高速公路、城市快速路以外的道路上行驶超过规定时速百分之五十以上的；

（四）驾驶载货汽车载物超过最大允许总质量百分之五十以上的；

（五）驾驶机动车载运爆炸物品、易燃易爆化学物品以及剧毒、放射性等危险物品，未按指定的时间、路线、速度行驶或者未悬挂警示标志并采取必要的安全措施的；

（六）驾驶机动车运载超限的不可解体的物品，未按指定的时间、路线、速度行驶或者未悬挂警示标志的；

（七）驾驶机动车运输危险化学品，未经批准进入危险化学品运输车辆限制通行的区域的；

（八）驾驶机动车不按交通信号灯指示通行的；

（九）机动车驾驶证被暂扣或者扣留期间驾驶机动车的；

（十）造成致人轻微伤或者财产损失的交通事故后逃逸，尚不构成犯罪的；

（十一）驾驶机动车在高速公路或者城市快速路上违法占用应急车道行驶的。

第十一条 机动车驾驶人有下列交通违法行为之一，一次记3分：

（一）驾驶校车、公路客运汽车、旅游客运汽车、7座以上载客汽车以外的其他载客汽车载人超过核定人数百分之二十以上未达到百分之五十的；

（二）驾驶校车、中型以上载客载货汽车、危险物品运输车辆以外的机动车在高速公路、城市快速路以外的道路上行驶超过规定时速百分之二十以上未达到百分之五十的；

（三）驾驶机动车在高速公路或者城市快速路上不按规定车道行驶的；

（四）驾驶机动车不按规定超车、让行，或者在高速公路、城市快速路以外的道路上逆行的；

（五）驾驶机动车遇前方机动车停车排队或者缓慢行驶时，借道超车或者占用对面车道、穿插等候车辆的；

（六）驾驶机动车有拨打、接听手持电话等妨碍安全驾驶的行为的；

（七）驾驶机动车行经人行横道不按规定减速、停车、避让行人的；

（八）驾驶机动车不按规定避让校车的；

（九）驾驶载货汽车载物超过最大允许总质量百分之三十以上未达到百分之五十的，或者违反规定载客的；

（十）驾驶不按规定安装机动车号牌的机动车上道路行驶的；

（十一）在道路上车辆发生故障、事故停车后，不按规定使用灯光或者设置警告标志的；

（十二）驾驶未按规定定期进行安全技术检验的公路客运汽车、旅游客运汽车、危险物品运输车辆上道路行驶的；

（十三）驾驶校车上道路行驶前，未对校车车况是否符合安全技术要求进行检查，或者驾驶存在安全隐患的校车上道路行驶的；

（十四）连续驾驶载货汽车超过4小时未停车休息或者停车休息时间少于20分钟的；

（十五）驾驶机动车在高速公路上行驶低于规定最低时速的。

第十二条　机动车驾驶人有下列交通违法行为之一，一次记1分：

（一）驾驶校车、中型以上载客载货汽车、危险物品运输车辆在高速公路、城市快速路以外的道路上行驶超过规定时速百分之十以上未达到百分之二十的；

（二）驾驶机动车不按规定会车，或者在高速公路、城市快速路以外的道路上不按规定倒车、掉头的；

（三）驾驶机动车不按规定使用灯光的；

（四）驾驶机动车违反禁令标志、禁止标线指示的；

（五）驾驶机动车载货长度、宽度、高度超过规定的；

（六）驾驶载货汽车载物超过最大允许总质量未达到百分之三十的；

（七）驾驶未按规定定期进行安全技术检验的公路客运汽车、旅游客运汽车、危险物品运输车辆以外的机动车上道路行驶的；

（八）驾驶擅自改变已登记的结构、构造或者特征的载货汽车上道路行驶的；

（九）驾驶机动车在道路上行驶时，机动车驾驶人未按规定系安全带的；

（十）驾驶摩托车，不戴安全头盔的。

第十三条 公安机关交通管理部门对机动车驾驶人的交通违法行为，在作出行政处罚决定的同时予以记分。

对机动车驾驶人作出处罚前，应当在告知拟作出的行政处罚决定的同时，告知该交通违法行为的记分分值，并在处罚决定书上载明。

第十四条 机动车驾驶人有二起以上交通违法行为应当予以记分的，记分分值累积计算。

机动车驾驶人可以一次性处理完毕同一辆机动车的多起交通违法行为记录，记分分值累积计算。累积记分未满12分的，可以处理其驾驶的其他机动车的交通违法行为记录；累积记分满12分的，不得再处理其他机动车的交通违法行为记录。

第十五条 机动车驾驶人在一个记分周期期限届满，累积记分未满12分的，该记分周期内的记分予以清除；累积记分虽未满12分，但有罚款逾期未缴纳的，该记分周期内尚未缴纳罚款的交通违法行为记分分值转入下一记分周期。

第十六条 行政处罚决定被依法变更或者撤销的，相应记分应当变更或者撤销。

第十七条 机动车驾驶人在一个记分周期内累积记分满12分的，公安机关交通管理部门应当扣留其机动车驾驶证，开具强制措施凭证，并送达满分教育通知书，通知机动车驾驶人参加满分学习、考试。

临时入境的机动车驾驶人在一个记分周期内累积记分满12分的，公安机关交通管理部门应当注销其临时机动车驾驶许可，并送达满分教育通知书。

第十八条　机动车驾驶人在一个记分周期内累积记分满12分的，应当参加为期七天的道路交通安全法律、法规和相关知识学习。其中，大型客车、重型牵引挂车、城市公交车、中型客车、大型货车驾驶人应当参加为期三十天的道路交通安全法律、法规和相关知识学习。

机动车驾驶人在一个记分周期内参加满分教育的次数每增加一次或者累积记分每增加12分，道路交通安全法律、法规和相关知识的学习时间增加七天，每次满分学习的天数最多六十天。其中，大型客车、重型牵引挂车、城市公交车、中型客车、大型货车驾驶人在一个记分周期内参加满分教育的次数每增加一次或者累积记分每增加12分，道路交通安全法律、法规和相关知识的学习时间增加三十天，每次满分学习的天数最多一百二十天。

第十九条　道路交通安全法律、法规和相关知识学习包括现场学习、网络学习和自主学习。网络学习应当通过公安机关交通管理部门互联网学习教育平台进行。

机动车驾驶人参加现场学习、网络学习的天数累计不得少于五天，其中，现场学习的天数不得少于二天。大型客车、重型牵引挂车、城市公交车、中型客车、大型货车驾驶人参加现场学习、网络学习的天数累计不得少于十天，其中，现场学习的天数不得少于五天。满分学习的剩余天数通过自主学习完成。

机动车驾驶人单日连续参加现场学习超过三小时或者参加网络学习时间累计超过三小时的，按照一天计入累计学习天数。同日既参加现场学习又参加网络学习的，学习天数不累积计算。

第二十条 机动车驾驶人可以在机动车驾驶证核发地或者交通违法行为发生地、处理地参加公安机关交通管理部门组织的道路交通安全法律、法规和相关知识学习，并在学习地参加考试。

第二十一条 机动车驾驶人在一个记分周期内累积记分满12分，符合本办法第十八条、第十九条第一款、第二款规定的，可以预约参加道路交通安全法律、法规和相关知识考试。考试不合格的，十日后预约重新考试。

第二十二条 机动车驾驶人在一个记分周期内二次累积记分满12分或者累积记分满24分未满36分的，应当在道路交通安全法律、法规和相关知识考试合格后，按照《机动车驾驶证申领和使用规定》第四十四条的规定预约参加道路驾驶技能考试。考试不合格的，十日后预约重新考试。

机动车驾驶人在一个记分周期内三次以上累积记分满12分或者累积记分满36分的，应当在道路交通安全法律、法规和相关知识考试合格后，按照《机动车驾驶证申领和使用规定》第四十三条和第四十四条的规定预约参加场地驾驶技能和道路驾驶技能考试。考试不合格的，十日后预约重新考试。

第二十三条　机动车驾驶人经满分学习、考试合格且罚款已缴纳的，记分予以清除，发还机动车驾驶证。机动车驾驶人同时被处以暂扣机动车驾驶证的，在暂扣期限届满后发还机动车驾驶证。

第二十四条　满分学习、考试内容应当按照机动车驾驶证载明的准驾车型确定。

第二十九条　机动车驾驶人在一个记分周期内累积记分满12分，机动车驾驶证未被依法扣留或者收到满分教育通知书后三十日内拒不参加公安机关交通管理部门通知的满分学习、考试的，由公安机关交通管理部门公告其机动车驾驶证停止使用。

第三十条　机动车驾驶人请他人代为接受交通违法行为处罚和记分并支付经济利益的，由公安机关交通管理部门处所支付经济利益三倍以下罚款，但最高不超过五万元；同时，依法对原交通违法行为作出处罚。

代替实际机动车驾驶人接受交通违法行为处罚和记分牟取经济利益的，由公安机关交通管理部门处违法所得三倍以下罚款，但最高不超过五万元；同时，依法撤销原行政处罚决定。

组织他人实施前两款行为之一牟取经济利益的，由公安机关交通管理部门处违法所得五倍以下罚款，但最高不超过十万元；有扰乱单位秩序等行为，构成违反治安管理行为的，依法予以治安管理处罚。

第三十一条 机动车驾驶人参加满分教育时在签注学习记录、满分学习考试中弄虚作假的，相应学习记录、考试成绩无效，由公安机关交通管理部门处一千元以下罚款。

机动车驾驶人在参加接受交通安全教育扣减交通违法行为记分中弄虚作假的，由公安机关交通管理部门撤销相应记分扣减记录，恢复相应记分，处一千元以下罚款。

代替实际机动车驾驶人参加满分教育签注学习记录、满分学习考试或者接受交通安全教育扣减交通违法行为记分的，由公安机关交通管理部门处二千元以下罚款。

组织他人实施前三款行为之一，有违法所得的，由公安机关交通管理部门处违法所得三倍以下罚款，但最高不超过二万元；没有违法所得的，由公安机关交通管理部门处二万元以下罚款。

第三十二条 公安机关交通管理部门及其交通警察开展交通违法行为记分管理工作，应当接受监察机关、公安机关督察审计部门等依法实施的监督。

公安机关交通管理部门及其交通警察开展交通违法行为记分管理工作，应当自觉接受社会和公民的监督。

第三十三条　交通警察有下列情形之一的，按照有关规定给予处分；警务辅助人员有下列情形之一的，予以解聘；构成犯罪的，依法追究刑事责任：

（一）当事人对实施处罚和记分提出异议拒不核实，或者经核实属实但不纠正、整改的；

（二）为未经满分学习考试、考试不合格人员签注学习记录、合格考试成绩的；

（三）在满分考试时，减少考试项目、降低评判标准或者参与、协助、纵容考试舞弊的；

（四）为不符合记分扣减条件的机动车驾驶人扣减记分的；

（五）串通他人代替实际机动车驾驶人接受交通违法行为处罚和记分的；

（六）弄虚作假，将记分分值高的交通违法行为变更为记分分值低或者不记分的交通违法行为的；

（七）故意泄露、篡改系统记分数据的；

（八）根据交通技术监控设备记录资料处理交通违法行为时，未严格审核当事人提供的证据材料，导致他人代替实际机动车驾驶人接受交通违法行为处罚和记分，情节严重的。

第三节　刑事责任

《刑法》[①]

第一百三十三条　违反交通运输管理法规，因而发生重大

---

① 《中华人民共和国刑法》（本书简称《刑法》），1979年7月1日第五届全国人民代表大会第二次会议通过，1997年3月14日第八届全国人民代表大会第五次会议修订　根据1998年12月29日第九届全国人民代表大会常务委员会第六次会议通过的《全国人民代表大会常务委员会关于惩治骗购外汇、逃汇和非法买卖外汇犯罪的决定》、1999年12月25日第九届全国人民代表大会常务委员会第十三次会议通过的《中华人民共和国刑法修正案》、2001年8月31日第九届全国人民代表大会常务委员会第二十三次会议通过的《中华人民共和国刑法修正案（二）》、2001年12月29日第九届全国人民代表大会常务委员会第二十五次会议通过的《中华人民共和国刑法修正案（三）》、2002年12月28日第九届全国人民代表大会常务委员会第三十一次会议通过的《中华人民共和国刑法修正案（四）》、2005年2月28日第十届全国人民代表大会常务委员会第十四次会议通过的《中华人民共和国刑法修正案（五）》、2006年6月29日第十届全国人民代表大会常务委员会第二十二次会议通过的《中华人民共和国刑法修正案（六）》、2009年2月28日第十一届全国人民代表大会常务委员会第七次会议通过的《中华人民共和国刑法修正案（七）》、2009年8月27日第十一届全国人民代表大会常务委员会第十次会议通过的《全国人民代表大会常务委员会关于修改部分法律的决定》、2011年2月25日第十一届全国人民代表大会常务委员会第十九次会议通过的《中华人民共和国刑法修正案（八）》、2015年8月29日第十二届全国人民代表大会常务委员会第十六次会议通过的《中华人民共和国刑法修正案（九）》、2017年11月4日第十二届全国人民代表大会常务委员会第三十次会议通过的《中华人民共和国刑法修正案（十）》、2020年12月26日第十三届全国人民代表大会常务委员会第二十四次会议通过的《中华人民共和国刑法修正案（十一）》和2023年12月29日第十四届全国人民代表大会常务委员会第七次会议通过的《中华人民共和国刑法修正案（十二）》修正。

事故，致人重伤、死亡或者使公私财产遭受重大损失的，处三年以下有期徒刑或者拘役；交通运输肇事后逃逸或者有其他特别恶劣情节的，处三年以上七年以下有期徒刑；因逃逸致人死亡的，处七年以上有期徒刑。

第一百三十三条之一 在道路上驾驶机动车，有下列情形之一的，处拘役，并处罚金：

（一）追逐竞驶，情节恶劣的；

（二）醉酒驾驶机动车的；

（三）从事校车业务或者旅客运输，严重超过额定乘员载客，或者严重超过规定时速行驶的；

（四）违反危险化学品安全管理规定运输危险化学品，危及公共安全的。

机动车所有人、管理人对前款第三项、第四项行为负有直接责任的，依照前款的规定处罚。

有前两款行为，同时构成其他犯罪的，依照处罚较重的规定定罪处罚。

第一百三十三条之二 对行驶中的公共交通工具的驾驶人员使用暴力或者抢控驾驶操纵装置，干扰公共交通工具正常行驶，危及公共安全的，处一年以下有期徒刑、拘役或者管制，并处或者单处罚金。

前款规定的驾驶人员在行驶的公共交通工具上擅离职守，

与他人互殴或者殴打他人，危及公共安全的，依照前款的规定处罚。

有前两款行为，同时构成其他犯罪的，依照处罚较重的规定定罪处罚。

第二编

道路交通执法程序规定

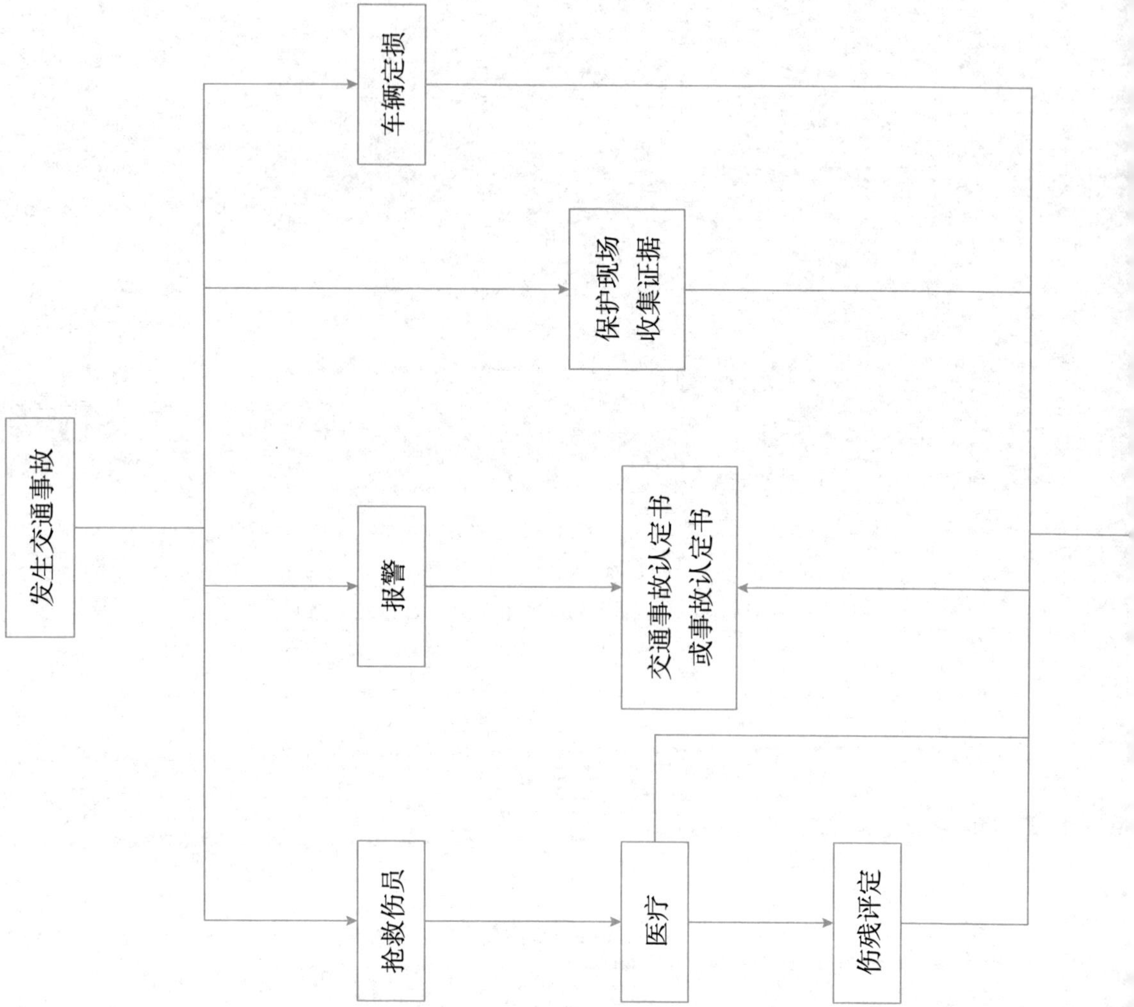
发生交通事故
车辆定损
保护现场
收集证据
报警
交通事故认定书
或事故认定书
抢救伤员
医疗
伤残评定

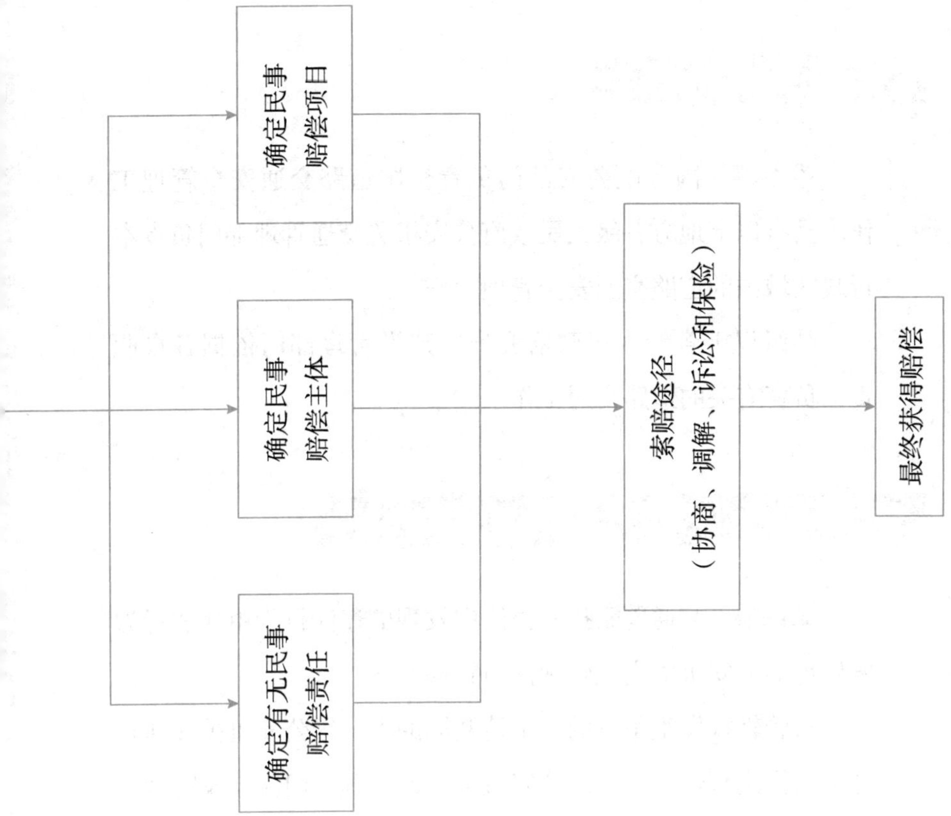
确定民事赔偿项目
确定民事赔偿主体
确定有无民事赔偿责任
索赔途径（协商、调解、诉讼和保险）
最终获得赔偿

第五章　道路交通执法一般程序

第一节　管辖

《道路交通安全法》

第五条　国务院公安部门负责全国道路交通安全管理工作。县级以上地方各级人民政府公安机关交通管理部门负责本行政区域内的道路交通安全管理工作。

县级以上各级人民政府交通、建设管理部门依据各自职责，负责有关的道路交通工作。

《道路交通安全违法行为处理程序规定》①

第四条　交通警察执勤执法中发现的违法行为由违法行为发生地的公安机关交通管理部门管辖。

对管辖权发生争议的，报请共同的上一级公安机关交通管理部门指定管辖。上一级公安机关交通管理部门应当及时确定

① 2008年12月20日公安部令第105号公布，根据2020年4月7日《公安部关于修改〈道路交通安全违法行为处理程序规定〉的决定》修正。

管辖主体，并通知争议各方。

第五条　违法行为人可以在违法行为发生地、机动车登记地或者其他任意地公安机关交通管理部门处理交通技术监控设备记录的违法行为。

违法行为人在违法行为发生地以外的地方（以下简称处理地）处理交通技术监控设备记录的违法行为的，处理地公安机关交通管理部门可以协助违法行为发生地公安机关交通管理部门调查违法事实、代为送达法律文书、代为履行处罚告知程序，由违法行为发生地公安机关交通管理部门按照发生地标准作出处罚决定。

违法行为人或者机动车所有人、管理人对交通技术监控设备记录的违法行为事实有异议的，可以通过公安机关交通管理部门互联网站、移动互联网应用程序或者违法行为处理窗口向公安机关交通管理部门提出。处理地公安机关交通管理部门应当在收到当事人申请后当日，通过道路交通违法信息管理系统通知违法行为发生地公安机关交通管理部门。违法行为发生地公安机关交通管理部门应当在五日内予以审查，异议成立的，予以消除；异议不成立的，告知当事人。

第六条　对违法行为人处以警告、罚款或者暂扣机动车驾驶证处罚的，由县级以上公安机关交通管理部门作出处罚决定。

对违法行为人处以吊销机动车驾驶证处罚的，由设区的市公安机关交通管理部门作出处罚决定。

对违法行为人处以行政拘留处罚的，由县、市公安局、公安分局或者相当于县一级的公安机关作出处罚决定。

第二节　调查取证

《道路交通安全违法行为处理程序规定》

第七条　交通警察调查违法行为时，应当表明执法身份。

交通警察执勤执法应当严格执行安全防护规定，注意自身安全，在公路上执勤执法不得少于两人。

第八条　交通警察应当全面、及时、合法收集能够证实违法行为是否存在、违法情节轻重的证据。

第九条　交通警察调查违法行为时，应当查验机动车驾驶证、行驶证、机动车号牌、检验合格标志、保险标志等牌证以及机动车和驾驶人违法信息。对运载爆炸物品、易燃易爆化学物品以及剧毒、放射性等危险物品车辆驾驶人违法行为调查的，还应当查验其他相关证件及信息。

第十条　交通警察查验机动车驾驶证时，应当询问驾驶人姓名、住址、出生年月并与驾驶证上记录的内容进行核对；对持证人的相貌与驾驶证上的照片进行核对。必要时，可以要求驾驶人出示居民身份证进行核对。

第十一条 调查中需要采取行政强制措施的，依照法律、法规、本规定及国家其他有关规定实施。

第十二条 交通警察对机动车驾驶人不在现场的违法停放机动车行为，应当在机动车侧门玻璃或者摩托车座位上粘贴违法停车告知单，并采取拍照或者录像方式固定相关证据。

第十三条 调查中发现违法行为人有其他违法行为的，在依法对其道路交通安全违法行为作出处理决定的同时，按照有关规定移送有管辖权的单位处理。涉嫌构成犯罪的，转为刑事案件办理或者移送有权处理的主管机关、部门办理。

第十四条 公安机关交通管理部门对于控告、举报的违法行为以及其他行政主管部门移送的案件应当接受，并按规定处理。

第十五条 公安机关交通管理部门可以利用交通技术监控设备、执法记录设备收集、固定违法行为证据。

交通技术监控设备、执法记录设备应当符合国家标准或者行业标准，需要认定、检定的交通技术监控设备应当经认定、检定合格后，方可用于收集、固定违法行为证据。

交通技术监控设备应当定期维护、保养、检测，保持功能完好。

第十六条 交通技术监控设备的设置应当遵循科学、规范、合理的原则，设置的地点应当有明确规范相应交通行为的交通信号。

固定式交通技术监控设备设置地点应当向社会公布。

第十七条 使用固定式交通技术监控设备测速的路段，应当设置测速警告标志。

使用移动测速设备测速的，应当由交通警察操作。使用车载移动测速设备的，还应当使用制式警车。

第十八条 作为处理依据的交通技术监控设备收集的违法行为记录资料，应当清晰、准确地反映机动车类型、号牌、外观等特征以及违法时间、地点、事实。

第十九条 交通技术监控设备收集违法行为记录资料后五日内，违法行为发生地公安机关交通管理部门应当对记录内容进行审核，经审核无误后录入道路交通违法信息管理系统，作为处罚违法行为的证据。

第二十条 交通技术监控设备记录的违法行为信息录入道路交通违法信息管理系统后当日，违法行为发生地和机动车登记地公安机关交通管理部门应当向社会提供查询。违法行为发生地公安机关交通管理部门应当在违法行为信息录入道路交通违法信息管理系统后五日内，按照机动车备案信息中的联系方式，通过移动互联网应用程序、手机短信或者邮寄等方式将违法时间、地点、事实通知违法行为人或者机动车所有人、管理人，并告知其在三十日内接受处理。

公安机关交通管理部门应当在违法行为人或者机动车所有人、管理人处理违法行为和交通事故、办理机动车或者驾驶证业务时，书面确认违法行为人或者机动车所有人、管理人的联系方式和法律文书送达方式，并告知其可以通过公安机关交通管理部门互联网站、移动互联网应用程序等方式备案或者变更联系方式、法律文书送达方式。

第二十一条　对交通技术监控设备记录的违法行为信息，经核查能够确定实际驾驶人的，公安机关交通管理部门可以在道路交通违法信息管理系统中将其记录为实际驾驶人的违法行为信息。

第二十二条　交通技术监控设备记录或者录入道路交通违法信息管理系统的违法行为信息，有下列情形之一并经核实的，违法行为发生地或者机动车登记地公安机关交通管理部门应当自核实之日起三日内予以消除：

（一）警车、消防救援车辆、救护车、工程救险车执行紧急任务期间交通技术监控设备记录的违法行为；

（二）机动车所有人或者管理人提供报案记录证明机动车被盗抢期间、机动车号牌被他人冒用期间交通技术监控设备记录的违法行为；

（三）违法行为人或者机动车所有人、管理人提供证据证明机动车因救助危难或者紧急避险造成的违法行为；

（四）已经在现场被交通警察处理的交通技术监控设备记录的违法行为；

（五）因交通信号指示不一致造成的违法行为；

（六）作为处理依据的交通技术监控设备收集的违法行为记录资料，不能清晰、准确地反映机动车类型、号牌、外观等特征以及违法时间、地点、事实的；

（七）经比对交通技术监控设备记录的违法行为照片、道路交通违法信息管理系统登记的机动车信息，确认记录的机动车号牌信息错误的；

（八）其他应当消除的情形。

第二十三条 经查证属实，单位或者个人提供的违法行为照片或者视频等资料可以作为处罚的证据。

对群众举报的违法行为照片或者视频资料的审核录入要求，参照本规定执行。

第三节　行政强制措施的适用

《道路交通安全违法行为处理程序规定》

第二十四条　公安机关交通管理部门及其交通警察在执法过程中，依法可以采取下列行政强制措施：

（一）扣留车辆；

（二）扣留机动车驾驶证；

（三）拖移机动车；

（四）检验体内酒精、国家管制的精神药品、麻醉药品含量；

（五）收缴物品；

（六）法律、法规规定的其他行政强制措施。

第二十五条　采取本规定第二十四条第（一）、（二）、（四）、（五）项行政强制措施，应当按照下列程序实施：

（一）口头告知违法行为人或者机动车所有人、管理人违法行为的基本事实、拟作出行政强制措施的种类、依据及其依法享有的权利；

（二）听取当事人的陈述和申辩，当事人提出的事实、理由或者证据成立的，应当采纳；

（三）制作行政强制措施凭证，并告知当事人在十五日内到指定地点接受处理；

（四）行政强制措施凭证应当由当事人签名、交通警察签名或者盖章，并加盖公安机关交通管理部门印章；当事人拒绝签名的，交通警察应当在行政强制措施凭证上注明；

（五）行政强制措施凭证应当当场交付当事人；当事人拒收的，由交通警察在行政强制措施凭证上注明，即为送达。

现场采取行政强制措施的，交通警察应当在二十四小时内向所属公安机关交通管理部门负责人报告，并补办批准手续。公安机关交通管理部门负责人认为不应当采取行政强制措施的，应当立即解除。

第二十六条 行政强制措施凭证应当载明当事人的基本情况、车辆牌号、车辆类型、违法事实、采取行政强制措施种类和依据、接受处理的具体地点和期限、决定机关名称及当事人依法享有的行政复议、行政诉讼权利等内容。

第二十七条 有下列情形之一的，依法扣留车辆：

（一）上道路行驶的机动车未悬挂机动车号牌，未放置检验合格标志、保险标志，或者未随车携带机动车行驶证、驾驶证的；

（二）有伪造、变造或者使用伪造、变造的机动车登记证书、号牌、行驶证、检验合格标志、保险标志、驾驶证或者使用其他车辆的机动车登记证书、号牌、行驶证、检验合格标志、保险标志嫌疑的；

（三）未按照国家规定投保机动车交通事故责任强制保险的；

（四）公路客运车辆或者货运机动车超载的；

（五）机动车有被盗抢嫌疑的；

（六）机动车有拼装或者达到报废标准嫌疑的；

（七）未申领《剧毒化学品公路运输通行证》通过公路运输剧毒化学品的；

（八）非机动车驾驶人拒绝接受罚款处罚的。

对发生道路交通事故，因收集证据需要的，可以依法扣留事故车辆。

第二十八条　交通警察应当在扣留车辆后二十四小时内，将被扣留车辆交所属公安机关交通管理部门。

公安机关交通管理部门扣留车辆的，不得扣留车辆所载货物。对车辆所载货物应当通知当事人自行处理，当事人无法自行处理或者不自行处理的，应当登记并妥善保管，对容易腐烂、损毁、灭失或者其他不具备保管条件的物品，经县级以上公安机关交通管理部门负责人批准，可以在拍照或者录像后变卖或者拍卖，变卖、拍卖所得按照有关规定处理。

第二十九条　对公路客运车辆载客超过核定乘员、货运机动车超过核定载质量的，公安机关交通管理部门应当按照下列规定消除违法状态：

（一）违法行为人可以自行消除违法状态的，应当在公安机关交通管理部门的监督下，自行将超载的乘车人转运、将超载的货物卸载；

（二）违法行为人无法自行消除违法状态的，对超载的乘车人，公安机关交通管理部门应当及时通知有关部门联系转运；对超载的货物，应当在指定的场地卸载，并由违法行为人与指定场地的保管方签订卸载货物的保管合同。

消除违法状态的费用由违法行为人承担。违法状态消除后，应当立即退还被扣留的机动车。

第三十条 对扣留的车辆，当事人接受处理或者提供、补办的相关证明或者手续经核实后，公安机关交通管理部门应当依法及时退还。

公安机关交通管理部门核实的时间不得超过十日；需要延长的，经县级以上公安机关交通管理部门负责人批准，可以延长至十五日。核实时间自车辆驾驶人或者所有人、管理人提供被扣留车辆合法来历证明，补办相应手续，或者接受处理之日起计算。

发生道路交通事故因收集证据需要扣留车辆的，扣留车辆时间依照《道路交通事故处理程序规定》有关规定执行。

第三十一条　有下列情形之一的，依法扣留机动车驾驶证：

（一）饮酒后驾驶机动车的；

（二）将机动车交由未取得机动车驾驶证或者机动车驾驶证被吊销、暂扣的人驾驶的；

（三）机动车行驶超过规定时速百分之五十的；

（四）驾驶有拼装或者达到报废标准嫌疑的机动车上道路行驶的；

（五）在一个记分周期内累积记分达到十二分的。

第三十二条　交通警察应当在扣留机动车驾驶证后二十四小时内，将被扣留机动车驾驶证交所属公安机关交通管理部门。

具有本规定第三十一条第（一）、（二）、（三）、（四）项所列情形之一的，扣留机动车驾驶证至作出处罚决定之日；处罚决定生效前先予扣留机动车驾驶证的，扣留一日折抵暂扣期限一日。只对违法行为人作出罚款处罚的，缴纳罚款完毕后，应当立即发还机动车驾驶证。具有本规定第三十一条第（五）项情形的，扣留机动车驾驶证至考试合格之日。

第三十三条　违反机动车停放、临时停车规定，驾驶人不在现场或者虽在现场但拒绝立即驶离，妨碍其他车辆、行人通行的，公安机关交通管理部门及其交通警察可以将机动车拖移至不妨碍交通的地点或者公安机关交通管理部门指定的地点。

拖移机动车的，现场交通警察应当通过拍照、录像等方式固定违法事实和证据。

第三十四条 公安机关交通管理部门应当公开拖移机动车查询电话，并通过设置拖移机动车专用标志牌明示或者以其他方式告知当事人。当事人可以通过电话查询接受处理的地点、期限和被拖移机动车的停放地点。

第三十五条 车辆驾驶人有下列情形之一的，应当对其检验体内酒精含量：

（一）对酒精呼气测试等方法测试的酒精含量结果有异议并当场提出的；

（二）涉嫌饮酒驾驶车辆发生交通事故的；

（三）涉嫌醉酒驾驶的；

（四）拒绝配合酒精呼气测试等方法测试的。

车辆驾驶人对酒精呼气测试结果无异议的，应当签字确认。事后提出异议的，不予采纳。

车辆驾驶人涉嫌吸食、注射毒品或者服用国家管制的精神药品、麻醉药品后驾驶车辆的，应当按照《吸毒检测程序规定》对车辆驾驶人进行吸毒检测，并通知其家属，但无法通知的除外。

对酒后、吸毒后行为失控或者拒绝配合检验、检测的，可以使用约束带或者警绳等约束性警械。

第三十六条 对车辆驾驶人进行体内酒精含量检验的，应当按照下列程序实施：

（一）由两名交通警察或者由一名交通警察带领警务辅助人员将车辆驾驶人带到医疗机构提取血样，或者现场由法医等具有相应资质的人员提取血样；

（二）公安机关交通管理部门应当在提取血样后五日内将血样送交有检验资格的单位或者机构进行检验，并在收到检验结果后五日内书面告知车辆驾驶人。

检验车辆驾驶人体内酒精含量的，应当通知其家属，但无法通知的除外。

车辆驾驶人对检验结果有异议的，可以在收到检验结果之日起三日内申请重新检验。

具有下列情形之一的，应当进行重新检验：

（一）检验程序违法或者违反相关专业技术要求，可能影响检验结果正确性的；

（二）检验单位或者机构、检验人不具备相应资质和条件的；

（三）检验结果明显依据不足的；

（四）检验人故意作虚假检验的；

（五）检验人应当回避而没有回避的；

（六）检材虚假或者被污染的；

（七）其他应当重新检验的情形。

不符合前款规定情形的，经县级以上公安机关交通管理部门负责人批准，作出不准予重新检验的决定，并在作出决定之日起的三日内书面通知申请人。

重新检验，公安机关应当另行指派或者聘请检验人。

第三十七条 对非法安装警报器、标志灯具或者自行车、三轮车加装动力装置的，公安机关交通管理部门应当强制拆除，予以收缴，并依法予以处罚。

交通警察现场收缴非法装置的，应当在二十四小时内，将收缴的物品交所属公安机关交通管理部门。

对收缴的物品，除作为证据保存外，经县级以上公安机关交通管理部门批准后，依法予以销毁。

第三十八条 公安机关交通管理部门对扣留的拼装或者已达到报废标准的机动车，经县级以上公安机关交通管理部门批准后，予以收缴，强制报废。

第三十九条 对伪造、变造或者使用伪造、变造的机动车登记证书、号牌、行驶证、检验合格标志、保险标志、驾驶证的，应当予以收缴，依法处罚后予以销毁。

对使用其他车辆的机动车登记证书、号牌、行驶证、检验合格标志、保险标志的，应当予以收缴，依法处罚后转至机动车登记地车辆管理所。

第四十条 对在道路两侧及隔离带上种植树木、其他植物或者设置广告牌、管线等，遮挡路灯、交通信号灯、交通标志，妨碍安全视距的，公安机关交通管理部门应当向违法行为人送达排除妨碍通知书，告知履行期限和不履行的后果。违法行为人在规定期限内拒不履行的，依法予以处罚并强制排除妨碍。

第四十一条　强制排除妨碍，公安机关交通管理部门及其交通警察可以当场实施。无法当场实施的，应当按照下列程序实施：

（一）经县级以上公安机关交通管理部门负责人批准，可以委托或者组织没有利害关系的单位予以强制排除妨碍；

（二）执行强制排除妨碍时，公安机关交通管理部门应当派员到场监督。

第四节　行政处罚

一、行政处罚的决定

《道路交通安全法》

第八十七条　公安机关交通管理部门及其交通警察对道路

交通安全违法行为，应当及时纠正。

公安机关交通管理部门及其交通警察应当依据事实和本法的有关规定对道路交通安全违法行为予以处罚。对于情节轻微，未影响道路通行的，指出违法行为，给予口头警告后放行。

第八十八条 对道路交通安全违法行为的处罚种类包括：警告、罚款、暂扣或者吊销机动车驾驶证、拘留。

第一百零七条 对道路交通违法行为人予以警告、二百元以下罚款，交通警察可以当场作出行政处罚决定，并出具行政处罚决定书。

行政处罚决定书应当载明当事人的违法事实、行政处罚的依据、处罚内容、时间、地点以及处罚机关名称，并由执法人员签名或者盖章。

第一百零八条 当事人应当自收到罚款的行政处罚决定书之日起十五日内，到指定的银行缴纳罚款。

对行人、乘车人和非机动车驾驶人的罚款，当事人无异议的，可以当场予以收缴罚款。

罚款应当开具省、自治区、直辖市财政部门统一制发的罚款收据；不出具财政部门统一制发的罚款收据的，当事人有权拒绝缴纳罚款。

第一百零九条 当事人逾期不履行行政处罚决定的，作出行政处罚决定的行政机关可以采取下列措施：

（一）到期不缴纳罚款的，每日按罚款数额的百分之三加处罚款；

（二）申请人民法院强制执行。

第一百一十条　执行职务的交通警察认为应当对道路交通违法行为人给予暂扣或者吊销机动车驾驶证处罚的，可以先予扣留机动车驾驶证，并在二十四小时内将案件移交公安机关交通管理部门处理。

道路交通违法行为人应当在十五日内到公安机关交通管理部门接受处理。无正当理由逾期未接受处理的，吊销机动车驾驶证。

公安机关交通管理部门暂扣或者吊销机动车驾驶证的，应当出具行政处罚决定书。

第一百一十一条　对违反本法规定予以拘留的行政处罚，由县、市公安局、公安分局或者相当于县一级的公安机关裁决。

第一百一十二条　公安机关交通管理部门扣留机动车、非机动车，应当当场出具凭证，并告知当事人在规定期限内到公安机关交通管理部门接受处理。

公安机关交通管理部门对被扣留的车辆应当妥善保管，不得使用。

逾期不来接受处理，并且经公告三个月仍不来接受处理的，对扣留的车辆依法处理。

第一百一十三条 暂扣机动车驾驶证的期限从处罚决定生效之日起计算；处罚决定生效前先予扣留机动车驾驶证的，扣留一日折抵暂扣期限一日。

吊销机动车驾驶证后重新申请领取机动车驾驶证的期限，按照机动车驾驶证管理规定办理。

第一百一十四条 公安机关交通管理部门根据交通技术监控记录资料，可以对违法的机动车所有人或者管理人依法予以处罚。对能够确定驾驶人的，可以依照本法的规定依法予以处罚。

《道路交通安全法实施条例》

第一百零八条 交通警察按照简易程序当场作出行政处罚的，应当告知当事人道路交通安全违法行为的事实、处罚的理由和依据，并将行政处罚决定书当场交付被处罚人。

第一百零九条 对道路交通安全违法行为人处以罚款或者暂扣驾驶证处罚的，由违法行为发生地的县级以上人民政府公安机关交通管理部门或者相当于同级的公安机关交通管理部门作出决定；对处以吊销机动车驾驶证处罚的，由设区的市人民政府公安机关交通管理部门或者相当于同级的公安机关交通管理部门作出决定。

公安机关交通管理部门对非本辖区机动车的道路交通安全违法行为没有当场处罚的，可以由机动车登记地的公安机关交通管理部门处罚。

第一百一十条 当事人对公安机关交通管理部门及其交通警察的处罚有权进行陈述和申辩，交通警察应当充分听取当事人的陈述和申辩，不得因当事人陈述、申辩而加重其处罚。

《道路交通安全违法行为处理程序规定》

第四十二条 交通警察对于当场发现的违法行为，认为情节轻微、未影响道路通行和安全的，口头告知其违法行为的基本事实、依据，向违法行为人提出口头警告，纠正违法行为后放行。

各省、自治区、直辖市公安机关交通管理部门可以根据实际确定适用口头警告的具体范围和实施办法。

第四十三条 对违法行为人处以警告或者二百元以下罚款的，可以适用简易程序。

对违法行为人处以二百元（不含）以上罚款、暂扣或者吊销机动车驾驶证的，应当适用一般程序。不需要采取行政强制措施的，现场交通警察应当收集、固定相关证据，并制作违法行为处理通知书。其中，对违法行为人单处二百元（不含）以上罚款的，可以通过简化取证方式和审核审批手续等措施快速办理。

对违法行为人处以行政拘留处罚的，按照《公安机关办理行政案件程序规定》实施。

第四十四条 适用简易程序处罚的，可以由一名交通警察作出，并应当按照下列程序实施：

（一）口头告知违法行为人违法行为的基本事实、拟作出的行政处罚、依据及其依法享有的权利；

（二）听取违法行为人的陈述和申辩，违法行为人提出的事实、理由或者证据成立的，应当采纳；

（三）制作简易程序处罚决定书；

（四）处罚决定书应当由被处罚人签名、交通警察签名或者盖章，并加盖公安机关交通管理部门印章；被处罚人拒绝签名的，交通警察应当在处罚决定书上注明；

（五）处罚决定书应当当场交付被处罚人；被处罚人拒收的，由交通警察在处罚决定书上注明，即为送达。

交通警察应当在二日内将简易程序处罚决定书报所属公安机关交通管理部门备案。

第四十五条 简易程序处罚决定书应当载明被处罚人的基

本情况、车辆牌号、车辆类型、违法事实、处罚的依据、处罚的内容、履行方式、期限、处罚机关名称及被处罚人依法享有的行政复议、行政诉讼权利等内容。

第四十六条 制发违法行为处理通知书应当按照下列程序实施：

（一）口头告知违法行为人违法行为的基本事实；

（二）听取违法行为人的陈述和申辩，违法行为人提出的事实、理由或者证据成立的，应当采纳；

（三）制作违法行为处理通知书，并通知当事人在十五日内接受处理；

（四）违法行为处理通知书应当由违法行为人签名、交通警察签名或者盖章，并加盖公安机关交通管理部门印章；当事人拒绝签名的，交通警察应当在违法行为处理通知书上注明；

（五）违法行为处理通知书应当当场交付当事人；当事人拒收的，由交通警察在违法行为处理通知书上注明，即为送达。

交通警察应当在二十四小时内将违法行为处理通知书报所属公安机关交通管理部门备案。

第四十七条 违法行为处理通知书应当载明当事人的基本情况、车辆牌号、车辆类型、违法事实、接受处理的具体地点和时限、通知机关名称等内容。

第四十八条 适用一般程序作出处罚决定，应当由两名以上交通警察按照下列程序实施：

（一）对违法事实进行调查，询问当事人违法行为的基本情况，并制作笔录；当事人拒绝接受询问、签名或者盖章的，交通警察应当在询问笔录上注明；

（二）采用书面形式或者笔录形式告知当事人拟作出的行政处罚的事实、理由及依据，并告知其依法享有的权利；

（三）对当事人陈述、申辩进行复核，复核结果应当在笔录中注明；

（四）制作行政处罚决定书；

（五）行政处罚决定书应当由被处罚人签名，并加盖公安机关交通管理部门印章；被处罚人拒绝签名的，交通警察应当在处罚决定书上注明；

（六）行政处罚决定书应当当场交付被处罚人；被处罚人拒收的，由交通警察在处罚决定书上注明，即为送达；被处罚人不在场的，应当依照《公安机关办理行政案件程序规定》的有关规定送达。

第四十九条 行政处罚决定书应当载明被处罚人的基本情况、车辆牌号、车辆类型、违法事实和证据、处罚的依据、处罚的内容、履行方式、期限、处罚机关名称及被处罚人依法享有的行政复议、行政诉讼权利等内容。

第五十条　一人有两种以上违法行为，分别裁决，合并执行，可以制作一份行政处罚决定书。

一人只有一种违法行为，依法应当并处两个以上处罚种类且涉及两个处罚主体的，应当分别制作行政处罚决定书。

第五十一条　对违法行为事实清楚，需要按照一般程序处以罚款的，应当自违法行为人接受处理之时起二十四小时内作出处罚决定；处以暂扣机动车驾驶证的，应当自违法行为人接受处理之日起三日内作出处罚决定；处以吊销机动车驾驶证的，应当自违法行为人接受处理或者听证程序结束之日起七日内作出处罚决定，交通肇事构成犯罪的，应当在人民法院判决后及时作出处罚决定。

第五十二条　对交通技术监控设备记录的违法行为，当事人应当及时到公安机关交通管理部门接受处理，处以警告或者二百元以下罚款的，可以适用简易程序；处以二百元（不含）以上罚款、吊销机动车驾驶证的，应当适用一般程序。

第五十三条　违法行为人或者机动车所有人、管理人收到道路交通安全违法行为通知后，应当及时到公安机关交通管理部门接受处理。机动车所有人、管理人将机动车交由他人驾驶的，应当通知机动车驾驶人按照本规定第二十条规定期限接受处理。

违法行为人或者机动车所有人、管理人无法在三十日内接受处理的，可以申请延期处理。延长的期限最长不得超过三个月。

第五十四条 机动车有五起以上未处理的违法行为记录，违法行为人或者机动车所有人、管理人未在三十日内接受处理且未申请延期处理的，违法行为发生地公安机关交通管理部门应当按照备案信息中的联系方式，通过移动互联网应用程序、手机短信或者邮寄等方式将拟作出的行政处罚决定的事实、理由、依据以及依法享有的权利，告知违法行为人或者机动车所有人、管理人。违法行为人或者机动车所有人、管理人未在告知后三十日内接受处理的，可以采取公告方式告知拟作出的行政处罚决定的事实、理由、依据、依法享有的权利以及公告期届满后将依法作出行政处罚决定。公告期为七日。

违法行为人或者机动车所有人、管理人提出申辩或者接受处理的，应当按照本规定第四十四条或者第四十八条办理；违法行为人或者机动车所有人、管理人未提出申辩的，公安机关交通管理部门可以依法作出行政处罚决定，并制作行政处罚决定书。

第五十五条 行政处罚决定书可以邮寄或者电子送达。邮寄或者电子送达不成功的，公安机关交通管理部门可以公告送达，公告期为六十日。

第五十六条 电子送达可以采用移动互联网应用程序、电子邮件、移动通信等能够确认受送达人收悉的特定系统作为送达媒介。送达日期为公安机关交通管理部门对应系统显示发送成功的日期。受送达人证明到达其特定系统的日期与公安机关交通管理部门对应系统显示发送成功的日期不一致的，以受送达人证明到达其特定系统的日期为准。

公告应当通过互联网交通安全综合服务管理平台、移动互联网应用程序等方式进行。公告期满，即为送达。

公告内容应当避免泄漏个人隐私。

第五十七条　交通警察在道路执勤执法时，发现违法行为人或者机动车所有人、管理人有交通技术监控设备记录的违法行为逾期未处理的，应当以口头或者书面方式告知违法行为人或者机动车所有人、管理人。

第五十八条　违法行为人可以通过公安机关交通管理部门自助处理平台自助处理违法行为。

二、行政处罚的执行

《道路交通安全违法行为处理程序规定》

第五十九条　对行人、乘车人、非机动车驾驶人处以罚款，交通警察当场收缴的，交通警察应当在简易程序处罚决定书上注明，由被处罚人签名确认。被处罚人拒绝签名的，交通警察应当在处罚决定书上注明。

交通警察依法当场收缴罚款的，应当开具省、自治区、直辖市财政部门统一制发的罚款收据；不开具省、自治区、直辖市财政部门统一制发的罚款收据的，当事人有权拒绝缴纳罚款。

第六十条 当事人逾期不履行行政处罚决定的，作出行政处罚决定的公安机关交通管理部门可以采取下列措施：

（一）到期不缴纳罚款的，每日按罚款数额的百分之三加处罚款，加处罚款总额不得超出罚款数额；

（二）申请人民法院强制执行。

第六十一条 公安机关交通管理部门对非本辖区机动车驾驶人给予暂扣、吊销机动车驾驶证处罚的，应当在作出处罚决定之日起十五日内，将机动车驾驶证转至核发地公安机关交通管理部门。

违法行为人申请不将暂扣的机动车驾驶证转至核发地公安机关交通管理部门的，应当准许，并在行政处罚决定书上注明。

第六十二条 对违法行为人决定行政拘留并处罚款的，公安机关交通管理部门应当告知违法行为人可以委托他人代缴罚款。

第六章　交通事故处理

第一节　管辖

《道路交通事故处理程序规定》[①]

第九条　道路交通事故由事故发生地的县级公安机关交通管理部门管辖。未设立县级公安机关交通管理部门的，由设区的市公安机关交通管理部门管辖。

第十条　道路交通事故发生在两个以上管辖区域的，由事故起始点所在地公安机关交通管理部门管辖。

对管辖权有争议的，由共同的上一级公安机关交通管理部门指定管辖。指定管辖前，最先发现或者最先接到报警的公安机关交通管理部门应当先行处理。

第十一条　上级公安机关交通管理部门在必要的时候，可以处理下级公安机关交通管理部门管辖的道路交通事故，或者指定下级公安机关交通管理部门限时将案件移送其他下级公安机关交通管理部门处理。

案件管辖权发生转移的，处理时限从案件接收之日起

① 2017年7月22日公安部令第146号公布，自2018年5月1日起施行。

计算。

第十二条 中国人民解放军、中国人民武装警察部队人员、车辆发生道路交通事故的，按照本规定处理。依法应当吊销、注销中国人民解放军、中国人民武装警察部队核发的机动车驾驶证以及对现役军人实施行政拘留或者追究刑事责任的，移送中国人民解放军、中国人民武装警察部队有关部门处理。

上道路行驶的拖拉机发生道路交通事故的，按照本规定处理。公安机关交通管理部门对拖拉机驾驶人依法暂扣、吊销、注销驾驶证或者记分处理的，应当将决定书和记分情况通报有关的农业（农业机械）主管部门。吊销、注销驾驶证的，还应当将驾驶证送交有关的农业（农业机械）主管部门。

第二节 报警和受案

《道路交通安全法》

第七十条 在道路上发生交通事故，车辆驾驶人应当立即停车，保护现场；造成人身伤亡的，车辆驾驶人应当立即抢救受伤人员，并迅速报告执勤的交通警察或者公安机关交通管理部门。因抢救受伤人员变动现场的，应当标明位置。乘车人、过往车辆驾驶人、过往行人应当予以协助。

在道路上发生交通事故，未造成人身伤亡，当事人对事实及成因无争议的，可以即行撤离现场，恢复交通，自行协商处理损害赔偿事宜；不即行撤离现场的，应当迅速报告执勤的交通警察或者公安机关交通管理部门。

在道路上发生交通事故，仅造成轻微财产损失，并且基本事实清楚的，当事人应当先撤离现场再进行协商处理。

第七十一条　车辆发生交通事故后逃逸的，事故现场目击人员和其他知情人员应当向公安机关交通管理部门或者交通警察举报。举报属实的，公安机关交通管理部门应当给予奖励。

第七十七条　车辆在道路以外通行时发生的事故，公安机关交通管理部门接到报案的，参照本法有关规定办理。

《道路交通安全法实施条例》

第八十六条　机动车与机动车、机动车与非机动车在道路上发生未造成人身伤亡的交通事故，当事人对事实及成因无争议的，在记录交通事故的时间、地点、对方当事人的姓名和联系方式、机动车牌号、驾驶证号、保险凭证号、碰撞部位，并共同签名后，撤离现场，自行协商损害赔偿事宜。当事人对交通事故事实及成因有争议的，应当迅速报警。

第八十七条 非机动车与非机动车或者行人在道路上发生交通事故，未造成人身伤亡，且基本事实及成因清楚的，当事人应当先撤离现场，再自行协商处理损害赔偿事宜。当事人对交通事故事实及成因有争议的，应当迅速报警。

第八十八条 机动车发生交通事故，造成道路、供电、通讯等设施损毁的，驾驶人应当报警等候处理，不得驶离。机动车可以移动的，应当将机动车移至不妨碍交通的地点。公安机关交通管理部门应当将事故有关情况通知有关部门。

第九十七条 车辆在道路以外发生交通事故，公安机关交通管理部门接到报案的，参照道路交通安全法和本条例的规定处理。

车辆、行人与火车发生的交通事故以及在渡口发生的交通事故，依照国家有关规定处理。

《道路交通事故处理程序规定》

第十三条 发生死亡事故、伤人事故的，或者发生财产损失事故且有下列情形之一的，当事人应当保护现场并立即报警：

（一）驾驶人无有效机动车驾驶证或者驾驶的机动车与驾驶证载明的准驾车型不符的；

（二）驾驶人有饮酒、服用国家管制的精神药品或者麻醉药品嫌疑的；

（三）驾驶人有从事校车业务或者旅客运输，严重超过额定乘员载客，或者严重超过规定时速行驶嫌疑的；

（四）机动车无号牌或者使用伪造、变造的号牌的；

（五）当事人不能自行移动车辆的；

（六）一方当事人离开现场的；

（七）有证据证明事故是由一方故意造成的。

驾驶人必须在确保安全的原则下，立即组织车上人员疏散到路外安全地点，避免发生次生事故。驾驶人已因道路交通事故死亡或者受伤无法行动的，车上其他人员应当自行组织疏散。

第十四条 发生财产损失事故且有下列情形之一，车辆可以移动的，当事人应当组织车上人员疏散到路外安全地点，在确保安全的原则下，采取现场拍照或者标划事故车辆现场位置等方式固定证据，将车辆移至不妨碍交通的地点后报警：

（一）机动车无检验合格标志或者无保险标志的；

（二）碰撞建筑物、公共设施或者其他设施的。

第十五条 载运爆炸性、易燃性、毒害性、放射性、腐蚀性、传染病病原体等危险物品车辆发生事故的，当事人应当立即报警，危险物品车辆驾驶人、押运人应当按照危险物品安全管理法律、法规、规章以及有关操作规程的规定，采取相应的应急处置措施。

第十六条 公安机关及其交通管理部门接到报警的，应当受理，制作受案登记表并记录下列内容：

（一）报警方式、时间，报警人姓名、联系方式，电话报警的，还应当记录报警电话；

（二）发生或者发现道路交通事故的时间、地点；

（三）人员伤亡情况；

（四）车辆类型、车辆号牌号码，是否载有危险物品以及危险物品的种类、是否发生泄漏等；

（五）涉嫌交通肇事逃逸的，还应当询问并记录肇事车辆的车型、颜色、特征及其逃逸方向、逃逸驾驶人的体貌特征等有关情况。

报警人不报姓名的，应当记录在案。报警人不愿意公开姓名的，应当为其保密。

第十七条 接到道路交通事故报警后，需要派员到现场处置，或者接到出警指令的，公安机关交通管理部门应当立即派交通警察赶赴现场。

第十八条 发生道路交通事故后当事人未报警，在事故现场撤除后，当事人又报警请求公安机关交通管理部门处理的，公安机关交通管理部门应当按照本规定第十六条规定的记录内容予以记录，并在三日内作出是否接受案件的决定。

经核查道路交通事故事实存在的，公安机关交通管理部门应当受理，制作受案登记表；经核查无法证明道路交通事故事实存在，或者不属于公安机关交通管理部门管辖的，应当书面告知当事人，并说明理由。

第三节 自行协商

《道路交通事故处理程序规定》

第十九条 机动车与机动车、机动车与非机动车发生财产损失事故，当事人应当在确保安全的原则下，采取现场拍照或者标划事故车辆现场位置等方式固定证据后，立即撤离现场，将车辆移至不妨碍交通的地点，再协商处理损害赔偿事宜，但有本规定第十三条第一款情形的除外。

非机动车与非机动车或者行人发生财产损失事故，当事人应当先撤离现场，再协商处理损害赔偿事宜。

对应当自行撤离现场而未撤离的，交通警察应当责令当事人撤离现场；造成交通堵塞的，对驾驶人处以200元罚款。

第二十条 发生可以自行协商处理的财产损失事故，当事人可以通过互联网在线自行协商处理；当事人对事实及成因有争议的，可以通过互联网共同申请公安机关交通管理部门在线确定当事人的责任。

当事人报警的，交通警察、警务辅助人员可以指导当事人自行协商处理。当事人要求交通警察到场处理的，应当指派交通警察到现场调查处理。

第二十一条 当事人自行协商达成协议的，制作道路交通事故自行协商协议书，并共同签名。道路交通事故自行协商协议书应当载明事故发生的时间、地点、天气、当事人姓名、驾驶证号或者身份证号、联系方式、机动车种类和号牌号码、保险公司、保险凭证号、事故形态、碰撞部位、当事人的责任等内容。

第二十二条 当事人自行协商达成协议的，可以按照下列方式履行道路交通事故损害赔偿：

（一）当事人自行赔偿；

（二）到投保的保险公司或者道路交通事故保险理赔服务场所办理损害赔偿事宜。

当事人自行协商达成协议后未履行的，可以申请人民调解委员会调解或者向人民法院提起民事诉讼。

第四节　简易程序

《道路交通事故处理程序规定》

第二十三条　公安机关交通管理部门可以适用简易程序处理以下道路交通事故，但有交通肇事、危险驾驶犯罪嫌疑的除外：

（一）财产损失事故；

（二）受伤当事人伤势轻微，各方当事人一致同意适用简易程序处理的伤人事故。

适用简易程序的，可以由一名交通警察处理。

第二十四条　交通警察适用简易程序处理道路交通事故时，应当在固定现场证据后，责令当事人撤离现场，恢复交通。拒不撤离现场的，予以强制撤离。当事人无法及时移动车辆影响通行和交通安全的，交通警察应当将车辆移至不妨碍交通的地点。具有本规定第十三条第一款第一项、第二项情形之一的，按照《中华人民共和国道路交通安全法实施条例》第一百零四条规定处理。

撤离现场后，交通警察应当根据现场固定的证据和当事人、证人陈述等，认定并记录道路交通事故发生的时间、地点、天气、当事人姓名、驾驶证号或者身份证号、联系方式、机动车种类和号牌号码、保险公司、保险凭证号、道路交通事故形态、碰撞部位等，并根据本规定第六十条确定当事人的责任，当场制作道路交通事故认定书。不具备当场制作条件的，交通警察应当在三日内制作道路交通事故认定书。

道路交通事故认定书应当由当事人签名，并现场送达当事人。当事人拒绝签名或者接收的，交通警察应当在道路交通事故认定书上注明情况。

第二十五条 当事人共同请求调解的，交通警察应当当场进行调解，并在道路交通事故认定书上记录调解结果，由当事人签名，送达当事人。

第二十六条 有下列情形之一的，不适用调解，交通警察可以在道路交通事故认定书上载明有关情况后，将道路交通事故认定书送达当事人：

（一）当事人对道路交通事故认定有异议的；

（二）当事人拒绝在道路交通事故认定书上签名的；

（三）当事人不同意调解的。

第五节　调查

一、一般规定

《道路交通事故处理程序规定》

第二十七条　除简易程序外，公安机关交通管理部门对道路交通事故进行调查时，交通警察不得少于二人。

交通警察调查时应当向被调查人员出示《人民警察证》，告知被调查人依法享有的权利和义务，向当事人发送联系卡。联系卡载明交通警察姓名、办公地址、联系方式、监督电话等内容。

第二十八条　交通警察调查道路交通事故时，应当合法、及时、客观、全面地收集证据。

第二十九条　对发生一次死亡三人以上道路交通事故的，公安机关交通管理部门应当开展深度调查；对造成其他严重后果或者存在严重安全问题的道路交通事故，可以开展深度调查。具体程序另行规定。

二、现场处置和调查

《道路交通安全法》

第七十二条 公安机关交通管理部门接到交通事故报警后，应当立即派交通警察赶赴现场，先组织抢救受伤人员，并采取措施，尽快恢复交通。

交通警察应当对交通事故现场进行勘验、检查，收集证据；因收集证据的需要，可以扣留事故车辆，但是应当妥善保管，以备核查。

对当事人的生理、精神状况等专业性较强的检验，公安机关交通管理部门应当委托专门机构进行鉴定。鉴定结论应当由鉴定人签名。

《道路交通安全法实施条例》

第八十九条 公安机关交通管理部门或者交通警察接到交通事故报警，应当及时赶赴现场，对未造成人身伤亡，事实清楚，并且机动车可以移动的，应当在记录事故情况后责令当事人撤离现场，恢复交通。对拒不撤离现场的，予以强制撤离。

对属于前款规定情况的道路交通事故，交通警察可以适用简易程序处理，并当场出具事故认定书。当事人共同请求调解的，交通警察可以当场对损害赔偿争议进行调解。

对道路交通事故造成人员伤亡和财产损失需要勘验、检查现场的，公安机关交通管理部门应当按照勘查现场工作规范进行。现场勘查完毕，应当组织清理现场，恢复交通。

第九十条　投保机动车第三者责任强制保险的机动车发生交通事故，因抢救受伤人员需要保险公司支付抢救费用的，由公安机关交通管理部门通知保险公司。

抢救受伤人员需要道路交通事故救助基金垫付费用的，由公安机关交通管理部门通知道路交通事故社会救助基金管理机构。

《道路交通事故处理程序规定》

第三十条　交通警察到达事故现场后，应当立即进行下列工作：

（一）按照事故现场安全防护有关标准和规范的要求划定警戒区域，在安全距离位置放置发光或者反光锥筒和警告标志，确定专人负责现场交通指挥和疏导。因道路交通事故导致交通中断或者现场处置、勘查需要采取封闭道路等交通管制措施的，还应当视情在事故现场来车方向提前组织分流，放置绕行提示标志；

（二）组织抢救受伤人员；

（三）指挥救护、勘查等车辆停放在安全和便于抢救、勘查的位置，开启警灯，夜间还应当开启危险报警闪光灯和示廓灯；

（四）查找道路交通事故当事人和证人，控制肇事嫌疑人；

（五）其他需要立即开展的工作。

第三十一条 道路交通事故造成人员死亡的，应当经急救、医疗人员或者法医确认，并由具备资质的医疗机构出具死亡证明。尸体应当存放在殡葬服务单位或者医疗机构等有停尸条件的场所。

第三十二条 交通警察应当对事故现场开展下列调查工作：

（一）勘查事故现场，查明事故车辆、当事人、道路及其空间关系和事故发生时的天气情况；

（二）固定、提取或者保全现场证据材料；

（三）询问当事人、证人并制作询问笔录；现场不具备制作询问笔录条件的，可以通过录音、录像记录询问过程；

（四）其他调查工作。

第三十三条 交通警察勘查道路交通事故现场，应当按照有关法规和标准的规定，拍摄现场照片，绘制现场图，及时提取、采集与案件有关的痕迹、物证等，制作现场勘查笔录。现场勘查过程中发现当事人涉嫌利用交通工具实施其他犯罪的，应当妥善保护犯罪现场和证据，控制犯罪嫌疑人，并立即报告公安机关主管部门。

发生一次死亡三人以上事故的，应当进行现场摄像，必要时可以聘请具有专门知识的人参加现场勘验、检查。

现场图、现场勘查笔录应当由参加勘查的交通警察、当事人和见证人签名。当事人、见证人拒绝签名或者无法签名以及无见证人的，应当记录在案。

第三十四条 痕迹、物证等证据可能因时间、地点、气象等原因导致改变、毁损、灭失的，交通警察应当及时固定、提取或者保全。

对涉嫌饮酒或者服用国家管制的精神药品、麻醉药品驾驶车辆的人员，公安机关交通管理部门应当按照《道路交通安全违法行为处理程序规定》及时抽血或者提取尿样等检材，送交有检验鉴定资质的机构进行检验。

车辆驾驶人员当场死亡的，应当及时抽血检验。不具备抽血条件的，应当由医疗机构或者鉴定机构出具证明。

第三十五条 交通警察应当核查当事人的身份证件、机动车驾驶证、机动车行驶证、检验合格标志、保险标志等。

对交通肇事嫌疑人可以依法传唤。对在现场发现的交通肇事嫌疑人，经出示《人民警察证》，可以口头传唤，并在询问笔录中注明嫌疑人到案经过、到案时间和离开时间。

第三十六条 勘查事故现场完毕后，交通警察应当清点并登记现场遗留物品，迅速组织清理现场，尽快恢复交通。

现场遗留物品能够当场发还的，应当当场发还并做记录；当场无法确定所有人的，应当登记，并妥善保管，待所有人确定后，及时发还。

第三十七条 因调查需要，公安机关交通管理部门可以向有关单位、个人调取汽车行驶记录仪、卫星定位装置、技术监控设备的记录资料以及其他与事故有关的证据材料。

第三十八条 因调查需要，公安机关交通管理部门可以组织道路交通事故当事人、证人对肇事嫌疑人、嫌疑车辆等进行辨认。

辨认应当在交通警察的主持下进行。主持辨认的交通警察不得少于二人。多名辨认人对同一辨认对象进行辨认时，应当由辨认人个别进行。

辨认时，应当将辨认对象混杂在特征相类似的其他对象中，不得给辨认人任何暗示。辨认肇事嫌疑人时，被辨认的人数不得少于七人；对肇事嫌疑人照片进行辨认的，不得少于十人的照片。辨认嫌疑车辆时，同类车辆不得少于五辆；对肇事嫌疑车辆照片进行辨认时，不得少于十辆的照片。

对尸体等特定辨认对象进行辨认，或者辨认人能够准确描述肇事嫌疑人、嫌疑车辆独有特征的，不受数量的限制。

对肇事嫌疑人的辨认，辨认人不愿意公开进行时，可以在不暴露辨认人的情况下进行，并应当为其保守秘密。

对辨认经过和结果，应当制作辨认笔录，由交通警察、辨认人、见证人签名。必要时，应当对辨认过程进行录音或者录像。

第三十九条　因收集证据的需要，公安机关交通管理部门可以扣留事故车辆，并开具行政强制措施凭证。扣留的车辆应当妥善保管。

公安机关交通管理部门不得扣留事故车辆所载货物。对所载货物在核实重量、体积及货物损失后，通知机动车驾驶人或者货物所有人自行处理。无法通知当事人或者当事人不自行处理的，按照《公安机关办理行政案件程序规定》的有关规定办理。

严禁公安机关交通管理部门指定停车场停放扣留的事故车辆。

第四十条　当事人涉嫌犯罪的，因收集证据的需要，公安机关交通管理部门可以依据《中华人民共和国刑事诉讼法》《公安机关办理刑事案件程序规定》，扣押机动车驾驶证等与事故有关的物品、证件，并按照规定出具扣押法律文书。扣押的物品应当妥善保管。

对扣押的机动车驾驶证等物品、证件，作为证据使用的，应当随案移送，并制作随案移送清单一式两份，一份留存，一份交人民检察院。对于实物不宜移送的，应当将其清单、照片或者其他证明文件随案移送。待人民法院作出生效判决后，按照人民法院的通知，依法作出处理。

第四十一条 经过调查，不属于公安机关交通管理部门管辖的，应当将案件移送有关部门并书面通知当事人，或者告知当事人处理途径。

公安机关交通管理部门在调查过程中，发现当事人涉嫌交通肇事、危险驾驶犯罪的，应当按照《中华人民共和国刑事诉讼法》《公安机关办理刑事案件程序规定》立案侦查。发现当事人有其他违法犯罪嫌疑的，应当及时移送有关部门，移送不影响事故的调查和处理。

第四十二条 投保机动车交通事故责任强制保险的车辆发生道路交通事故，因抢救受伤人员需要保险公司支付抢救费用的，公安机关交通管理部门应当书面通知保险公司。

抢救受伤人员需要道路交通事故社会救助基金垫付费用的，公安机关交通管理部门应当书面通知道路交通事故社会救助基金管理机构。

道路交通事故造成人员死亡需要救助基金垫付丧葬费用的，公安机关交通管理部门应当在送达尸体处理通知书的同时，告知受害人亲属向道路交通事故社会救助基金管理机构提出书面垫付申请。

三、交通肇事逃逸查缉

《道路交通事故处理程序规定》

第四十三条　公安机关交通管理部门应当根据管辖区域和道路情况，制定交通肇事逃逸案件查缉预案，并组织专门力量办理交通肇事逃逸案件。

发生交通肇事逃逸案件后，公安机关交通管理部门应当立即启动查缉预案，布置警力堵截，并通过全国机动车缉查布控系统查缉。

第四十四条　案发地公安机关交通管理部门可以通过发协查通报、向社会公告等方式要求协查、举报交通肇事逃逸车辆或者侦破线索。发出协查通报或者向社会公告时，应当提供交通肇事逃逸案件基本事实、交通肇事逃逸车辆情况、特征及逃逸方向等有关情况。

中国人民解放军和中国人民武装警察部队车辆涉嫌交通肇事逃逸的，公安机关交通管理部门应当通报中国人民解放军、中国人民武装警察部队有关部门。

第四十五条 接到协查通报的公安机关交通管理部门，应当立即布置堵截或者排查。发现交通肇事逃逸车辆或者嫌疑车辆的，应当予以扣留，依法传唤交通肇事逃逸人或者与协查通报相符的嫌疑人，并及时将有关情况通知案发地公安机关交通管理部门。案发地公安机关交通管理部门应当立即派交通警察前往办理移交。

第四十六条 公安机关交通管理部门查获交通肇事逃逸车辆或者交通肇事逃逸嫌疑人后，应当按原范围撤销协查通报，并通过全国机动车缉查布控系统撤销布控。

第四十七条 公安机关交通管理部门侦办交通肇事逃逸案件期间，交通肇事逃逸案件的受害人及其家属向公安机关交通管理部门询问案件侦办情况的，除依法不应当公开的内容外，公安机关交通管理部门应当告知并做好记录。

第四十八条 道路交通事故社会救助基金管理机构已经为受害人垫付抢救费用或者丧葬费用的，公安机关交通管理部门应当在交通肇事逃逸案件侦破后及时书面告知道路交通事故社会救助基金管理机构交通肇事逃逸驾驶人的有关情况。

四、检验、鉴定

《道路交通安全法实施条例》

第九十三条　公安机关交通管理部门对经过勘验、检查现场的交通事故应当在勘查现场之日起10日内制作交通事故认定书。对需要进行检验、鉴定的，应当在检验、鉴定结果确定之日起5日内制作交通事故认定书。

《道路交通事故处理程序规定》

第四十九条　需要进行检验、鉴定的，公安机关交通管理部门应当按照有关规定，自事故现场调查结束之日起三日内委托具备资质的鉴定机构进行检验、鉴定。

尸体检验应当在死亡之日起三日内委托。对交通肇事逃逸车辆的检验、鉴定自查获肇事嫌疑车辆之日起三日内委托。

对现场调查结束之日起三日后需要检验、鉴定的，应当报经上一级公安机关交通管理部门批准。

对精神疾病的鉴定，由具有精神病鉴定资质的鉴定机构进行。

第五十条 检验、鉴定费用由公安机关交通管理部门承担，但法律法规另有规定或者当事人自行委托伤残评定、财产损失评估的除外。

第五十一条 公安机关交通管理部门应当与鉴定机构确定检验、鉴定完成的期限，确定的期限不得超过三十日。超过三十日的，应当报经上一级公安机关交通管理部门批准，但最长不得超过六十日。

第五十二条 尸体检验不得在公众场合进行。为了确定死因需要解剖尸体的，应当征得死者家属同意。死者家属不同意解剖尸体的，经县级以上公安机关或者上一级公安机关交通管理部门负责人批准，可以解剖尸体，并且通知死者家属到场，由其在解剖尸体通知书上签名。

死者家属无正当理由拒不到场或者拒绝签名的，交通警察应当在解剖尸体通知书上注明。对身份不明的尸体，无法通知死者家属的，应当记录在案。

第五十三条 尸体检验报告确定后，应当书面通知死者家属在十日内办理丧葬事宜。无正当理由逾期不办理的应记录在案，并经县级以上公安机关或者上一级公安机关交通管理部门负责人批准，由公安机关或者上一级公安机关交通管理部门处理尸体，逾期存放的费用由死者家属承担。

对于没有家属、家属不明或者因自然灾害等不可抗力导致无法通知或者通知后家属拒绝领回的，经县级以上公安机关或者上一级公安机关交通管理部门负责人批准，可以及时处理。

对身份不明的尸体，由法医提取人身识别检材，并对尸体拍照、采集相关信息后，由公安机关交通管理部门填写身份不明尸体信息登记表，并在设区的市级以上报纸刊登认尸启事。登报后三十日仍无人认领的，经县级以上公安机关或者上一级公安机关交通管理部门负责人批准，可以及时处理。

因宗教习俗等原因对尸体处理期限有特殊需要的，经县级以上公安机关或者上一级公安机关交通管理部门负责人批准，可以紧急处理。

第五十四条 鉴定机构应当在规定的期限内完成检验、鉴定，并出具书面检验报告、鉴定意见，由鉴定人签名，鉴定意见还应当加盖机构印章。检验报告、鉴定意见应当载明以下事项：

（一）委托人；

（二）委托日期和事项；

（三）提交的相关材料；

（四）检验、鉴定的时间；

（五）依据和结论性意见，通过分析得出结论性意见的，应当有分析证明过程。

检验报告、鉴定意见应当附有鉴定机构、鉴定人的资质证明或者其他证明文件。

第五十五条 公安机关交通管理部门应当对检验报告、鉴定意见进行审核，并在收到检验报告、鉴定意见之日起五日内，将检验报告、鉴定意见复印件送达当事人，但有下列情形之一的除外：

（一）检验、鉴定程序违法或者违反相关专业技术要求，可能影响检验报告、鉴定意见公正、客观的；

（二）鉴定机构、鉴定人不具备鉴定资质和条件的；

（三）检验报告、鉴定意见明显依据不足的；

（四）故意作虚假鉴定的；

（五）鉴定人应当回避而没有回避的；

（六）检材虚假或者检材被损坏、不具备鉴定条件的；

（七）其他可能影响检验报告、鉴定意见公正、客观的情形。

检验报告、鉴定意见有前款规定情形之一的，经县级以上公安机关交通管理部门负责人批准，应当在收到检验报告、鉴定意见之日起三日内重新委托检验、鉴定。

第五十六条 当事人对检验报告、鉴定意见有异议，申请重新检验、鉴定的，应当自公安机关交通管理部门送达之日起三日内提出书面申请，经县级以上公安机关交通管理部门负责人批准，原办案单位应当重新委托检验、鉴定。检验报告、鉴定意见不具有本规定第五十五条第一款情形的，经县级以上公安机关交通管理部门负责人批准，由原办案单位作出不准予重新检验、鉴定的决定，并在作出决定之日起三日内书面通知申请人。

同一交通事故的同一检验、鉴定事项，重新检验、鉴定以一次为限。

第五十七条　重新检验、鉴定应当另行委托鉴定机构。

第五十八条　自检验报告、鉴定意见确定之日起五日内，公安机关交通管理部门应当通知当事人领取扣留的事故车辆。

因扣留车辆发生的费用由作出决定的公安机关交通管理部门承担，但公安机关交通管理部门通知当事人领取，当事人逾期未领取产生的停车费用由当事人自行承担。

经通知当事人三十日后不领取的车辆，经公告三个月仍不领取的，对扣留的车辆依法处理。

第六节　认定与复核

一、道路交通事故认定

《道路交通安全法》

第七十三条　公安机关交通管理部门应当根据交通事故现场勘验、检查、调查情况和有关的检验、鉴定结论，及时制作交通事故认定书，作为处理交通事故的证据。交通事故认定书应当载明交通事故的基本事实、成因和当事人的责任，并送达当事人。

《道路交通安全法实施条例》

第九十一条　公安机关交通管理部门应当根据交通事故当事人的行为对发生交通事故所起的作用以及过错的严重程度，确定当事人的责任。

第九十二条　发生交通事故后当事人逃逸的，逃逸的当事人承担全部责任。但是，有证据证明对方当事人也有过错的，可以减轻责任。

当事人故意破坏、伪造现场、毁灭证据的，承担全部责任。

《道路交通事故处理程序规定》

第五十九条　道路交通事故认定应当做到事实清楚、证据确实充分、适用法律正确、责任划分公正、程序合法。

第六十条　公安机关交通管理部门应当根据当事人的行为对发生道路交通事故所起的作用以及过错的严重程度，确定当事人的责任。

（一）因一方当事人的过错导致道路交通事故的，承担全部责任；

（二）因两方或者两方以上当事人的过错发生道路交通事故的，根据其行为对事故发生的作用以及过错的严重程度，分别承担主要责任、同等责任和次要责任；

（三）各方均无导致道路交通事故的过错，属于交通意外事故的，各方均无责任。

一方当事人故意造成道路交通事故的，他方无责任。

第六十一条　当事人有下列情形之一的，承担全部责任：

（一）发生道路交通事故后逃逸的；

（二）故意破坏、伪造现场、毁灭证据的。

为逃避法律责任追究，当事人弃车逃逸以及潜逃藏匿的，如有证据证明其他当事人也有过错，可以适当减轻责任，但同时有证据证明逃逸当事人有第一款第二项情形的，不予减轻。

第六十二条 公安机关交通管理部门应当自现场调查之日起十日内制作道路交通事故认定书。交通肇事逃逸案件在查获交通肇事车辆和驾驶人后十日内制作道路交通事故认定书。对需要进行检验、鉴定的，应当在检验报告、鉴定意见确定之日起五日内制作道路交通事故认定书。

有条件的地方公安机关交通管理部门可以试行在互联网公布道路交通事故认定书，但对涉及的国家秘密、商业秘密或者个人隐私，应当保密。

第六十三条 发生死亡事故以及复杂、疑难的伤人事故后，公安机关交通管理部门应当在制作道路交通事故认定书或者道路交通事故证明前，召集各方当事人到场，公开调查取得的证据。

证人要求保密或者涉及国家秘密、商业秘密以及个人隐私的，按照有关法律法规的规定执行。

当事人不到场的，公安机关交通管理部门应当予以记录。

第六十四条 道路交通事故认定书应当载明以下内容：

（一）道路交通事故当事人、车辆、道路和交通环境等基本情况；

（二）道路交通事故发生经过；

（三）道路交通事故证据及事故形成原因分析；

（四）当事人导致道路交通事故的过错及责任或者意外原因；

（五）作出道路交通事故认定的公安机关交通管理部门名称和日期。

道路交通事故认定书应当由交通警察签名或者盖章，加盖公安机关交通管理部门道路交通事故处理专用章。

第六十五条　道路交通事故认定书应当在制作后三日内分别送达当事人，并告知申请复核、调解和提起民事诉讼的权利、期限。

当事人收到道路交通事故认定书后，可以查阅、复制、摘录公安机关交通管理部门处理道路交通事故的证据材料，但证人要求保密或者涉及国家秘密、商业秘密以及个人隐私的，按照有关法律法规的规定执行。公安机关交通管理部门对当事人复制的证据材料应当加盖公安机关交通管理部门事故处理专用章。

第六十六条　交通肇事逃逸案件尚未侦破，受害一方当事人要求出具道路交通事故认定书的，公安机关交通管理部门应当在接到当事人书面申请后十日内，根据本规定第六十一条确定各方当事人责任，制作道路交通事故认定书，并送达受害方当事人。道路交通事故认定书应当载明事故发生的时间、地点、受害人情况及调查得到的事实，以及受害方当事人的责任。

交通肇事逃逸案件侦破后，已经按照前款规定制作道路交通事故认定书的，应当按照本规定第六十一条重新确定责任，制作道路交通事故认定书，分别送达当事人。重新制作的道路交通事故认定书除应当载明本规定第六十四条规定的内容外，还应当注明撤销原道路交通事故认定书。

第六十七条 道路交通事故基本事实无法查清、成因无法判定的，公安机关交通管理部门应当出具道路交通事故证明，载明道路交通事故发生的时间、地点、当事人情况及调查得到的事实，分别送达当事人，并告知申请复核、调解和提起民事诉讼的权利、期限。

第六十八条 由于事故当事人、关键证人处于抢救状态或者因其他客观原因导致无法及时取证，现有证据不足以认定案件基本事实的，经上一级公安机关交通管理部门批准，道路交通事故认定的时限可中止计算，并书面告知各方当事人或者其代理人，但中止的时间最长不得超过六十日。

当中止认定的原因消失，或者中止期满受伤人员仍然无法接受调查的，公安机关交通管理部门应当在五日内，根据已经调查取得的证据制作道路交通事故认定书或者出具道路交通事故证明。

第六十九条　伤人事故符合下列条件，各方当事人一致书面申请快速处理的，经县级以上公安机关交通管理部门负责人批准，可以根据已经取得的证据，自当事人申请之日起五日内制作道路交通事故认定书：

（一）当事人不涉嫌交通肇事、危险驾驶犯罪的；

（二）道路交通事故基本事实及成因清楚，当事人无异议的。

第七十条　对尚未查明身份的当事人，公安机关交通管理部门应当在道路交通事故认定书或者道路交通事故证明中予以注明，待身份信息查明以后，制作书面补充说明送达各方当事人。

二、复核

《道路交通事故处理程序规定》

第七十一条　当事人对道路交通事故认定或者出具道路交通事故证明有异议的，可以自道路交通事故认定书或者道路交通事故证明送达之日起三日内提出书面复核申请。当事人逾期提交复核申请的，不予受理，并书面通知申请人。

复核申请应当载明复核请求及其理由和主要证据。同一事故的复核以一次为限。

第七十二条 复核申请人通过作出道路交通事故认定的公安机关交通管理部门提出复核申请的，作出道路交通事故认定的公安机关交通管理部门应当自收到复核申请之日起二日内将复核申请连同道路交通事故有关材料移送上一级公安机关交通管理部门。

复核申请人直接向上一级公安机关交通管理部门提出复核申请的，上一级公安机关交通管理部门应当通知作出道路交通事故认定的公安机关交通管理部门自收到通知之日起五日内提交案卷材料。

第七十三条 除当事人逾期提交复核申请的情形外，上一级公安机关交通管理部门收到复核申请之日即为受理之日。

第七十四条 上一级公安机关交通管理部门自受理复核申请之日起三十日内，对下列内容进行审查，并作出复核结论：

（一）道路交通事故认定的事实是否清楚、证据是否确实充分、适用法律是否正确、责任划分是否公正；

（二）道路交通事故调查及认定程序是否合法；

（三）出具道路交通事故证明是否符合规定。

复核原则上采取书面审查的形式，但当事人提出要求或者公安机关交通管理部门认为有必要时，可以召集各方当事人到场，听取各方意见。

办理复核案件的交通警察不得少于二人。

第七十五条　复核审查期间，申请人提出撤销复核申请的，公安机关交通管理部门应当终止复核，并书面通知各方当事人。

受理复核申请后，任何一方当事人就该事故向人民法院提起诉讼并经人民法院受理的，公安机关交通管理部门应当将受理当事人复核申请的有关情况告知相关人民法院。

受理复核申请后，人民检察院对交通肇事犯罪嫌疑人作出批准逮捕决定的，公安机关交通管理部门应当将受理当事人复核申请的有关情况告知相关人民检察院。

第七十六条　上一级公安机关交通管理部门认为原道路交通事故认定事实清楚、证据确实充分、适用法律正确、责任划分公正、程序合法的，应当作出维持原道路交通事故认定的复核结论。

上一级公安机关交通管理部门认为调查及认定程序存在瑕疵，但不影响道路交通事故认定的，在责令原办案单位补正或者作出合理解释后，可以作出维持原道路交通事故认定的复核结论。

上一级公安机关交通管理部门认为原道路交通事故认定有

下列情形之一的，应当作出责令原办案单位重新调查、认定的复核结论：

（一）事实不清的；

（二）主要证据不足的；

（三）适用法律错误的；

（四）责任划分不公正的；

（五）调查及认定违反法定程序可能影响道路交通事故认定的。

第七十七条 上一级公安机关交通管理部门审查原道路交通事故证明后，按下列规定处理：

（一）认为事故成因确属无法查清，应当作出维持原道路交通事故证明的复核结论；

（二）认为事故成因仍需进一步调查的，应当作出责令原办案单位重新调查、认定的复核结论。

第七十八条 上一级公安机关交通管理部门应当在作出复核结论后三日内将复核结论送达各方当事人。公安机关交通管理部门认为必要的，应当召集各方当事人，当场宣布复核结论。

第七十九条 上一级公安机关交通管理部门作出责令重新调查、认定的复核结论后，原办案单位应当在十日内依照本规定重新调查，重新作出道路交通事故认定，撤销原道路交通事故认定书或者原道路交通事故证明。

重新调查需要检验、鉴定的，原办案单位应当在检验报告、鉴定意见确定之日起五日内，重新作出道路交通事故认定。

重新作出道路交通事故认定的，原办案单位应当送达各方当事人，并报上一级公安机关交通管理部门备案。

第八十条　上一级公安机关交通管理部门可以设立道路交通事故复核委员会，由办理复核案件的交通警察会同相关行业代表、社会专家学者等人员共同组成，负责案件复核，并以上一级公安机关交通管理部门的名义作出复核结论。

第七节　处罚执行

《道路交通事故处理程序规定》

第八十一条　公安机关交通管理部门应当按照《道路交通安全违法行为处理程序规定》，对当事人的道路交通安全违法行为依法作出处罚。

第八十二条　对发生道路交通事故构成犯罪，依法应当吊销驾驶人机动车驾驶证的，应当在人民法院作出有罪判决后，由设区的市公安机关交通管理部门依法吊销机动车驾驶证。同时具有逃逸情形的，公安机关交通管理部门应当同时依法作出终生不得重新取得机动车驾驶证的决定。

第八十三条 专业运输单位六个月内两次发生一次死亡三人以上事故，且单位或者车辆驾驶人对事故承担全部责任或者主要责任的，专业运输单位所在地的公安机关交通管理部门应当报经设区的市公安机关交通管理部门批准后，作出责令限期消除安全隐患的决定，禁止未消除安全隐患的机动车上道路行驶，并通报道路交通事故发生地及运输单位所在地的人民政府有关行政管理部门。

第八节　损害赔偿调解

《道路交通安全法》

第七十四条 对交通事故损害赔偿的争议，当事人可以请求公安机关交通管理部门调解，也可以直接向人民法院提起民事诉讼。

经公安机关交通管理部门调解，当事人未达成协议或者调解书生效后不履行的，当事人可以向人民法院提起民事诉讼。

第七十五条 医疗机构对交通事故中的受伤人员应当及时抢救，不得因抢救费用未及时支付而拖延救治。肇事车辆参加机动车第三者责任强制保险的，由保险公司在责任限额范围内支付抢救费用；抢救费用超过责任限额的，未参加机动车第三者责任强制保险或者肇事后逃逸的，由道路交通事故社会救助基金先行垫付部分或者全部抢救费用，道路交通事故社会救助基金管理机构有权向交通事故责任人追偿。

第七十六条 机动车发生交通事故造成人身伤亡、财产损失的，由保险公司在机动车第三者责任强制保险责任限额范围内予以赔偿；不足的部分，按照下列规定承担赔偿责任：

（一）机动车之间发生交通事故的，由有过错的一方承担赔偿责任；双方都有过错的，按照各自过错的比例分担责任。

（二）机动车与非机动车驾驶人、行人之间发生交通事故，非机动车驾驶人、行人没有过错的，由机动车一方承担赔偿责任；有证据证明非机动车驾驶人、行人有过错的，根据过错程度适当减轻机动车一方的赔偿责任；机动车一方没有过错的，承担不超过百分之十的赔偿责任。

交通事故的损失是由非机动车驾驶人、行人故意碰撞机动车造成的，机动车一方不承担赔偿责任。

《道路交通安全法实施条例》

第九十四条 当事人对交通事故损害赔偿有争议，各方当事人一致请求公安机关交通管理部门调解的，应当在收到交通事故认定书之日起10日内提出书面调解申请。

对交通事故致死的，调解从办理丧葬事宜结束之日起开始；对交通事故致伤的，调解从治疗终结或者定残之日起开始；对交通事故造成财产损失的，调解从确定损失之日起开始。

第九十五条 公安机关交通管理部门调解交通事故损害赔偿争议的期限为10日。调解达成协议的，公安机关交通管理部门应当制作调解书送交各方当事人，调解书经各方当事人共同签字后生效；调解未达成协议的，公安机关交通管理部门应当制作调解终结书送交各方当事人。

交通事故损害赔偿项目和标准依照有关法律的规定执行。

第九十六条 对交通事故损害赔偿的争议，当事人向人民法院提起民事诉讼的，公安机关交通管理部门不再受理调解申请。

公安机关交通管理部门调解期间，当事人向人民法院提起民事诉讼的，调解终止。

《道路交通事故处理程序规定》

第八十四条　当事人可以采取以下方式解决道路交通事故损害赔偿争议：

（一）申请人民调解委员会调解；

（二）申请公安机关交通管理部门调解；

（三）向人民法院提起民事诉讼。

第八十五条　当事人申请人民调解委员会调解，达成调解协议后，双方当事人认为有必要的，可以根据《中华人民共和国人民调解法》共同向人民法院申请司法确认。

当事人申请人民调解委员会调解，调解未达成协议的，当事人可以直接向人民法院提起民事诉讼，或者自人民调解委员会作出终止调解之日起三日内，一致书面申请公安机关交通管理部门进行调解。

第八十六条　当事人申请公安机关交通管理部门调解的，应当在收到道路交通事故认定书、道路交通事故证明或者上一级公安机关交通管理部门维持原道路交通事故认定的复核结论之日起十日内一致书面申请。

当事人申请公安机关交通管理部门调解，调解未达成协议的，当事人可以依法向人民法院提起民事诉讼，或者申请人民调解委员会进行调解。

第八十七条 公安机关交通管理部门应当按照合法、公正、自愿、及时的原则进行道路交通事故损害赔偿调解。

道路交通事故损害赔偿调解应当公开进行，但当事人申请不予公开的除外。

第八十八条 公安机关交通管理部门应当与当事人约定调解的时间、地点，并于调解时间三日前通知当事人。口头通知的，应当记入调解记录。

调解参加人因故不能按期参加调解的，应当在预定调解时间一日前通知承办的交通警察，请求变更调解时间。

第八十九条 参加损害赔偿调解的人员包括：

（一）道路交通事故当事人及其代理人；

（二）道路交通事故车辆所有人或者管理人；

（三）承保机动车保险的保险公司人员；

（四）公安机关交通管理部门认为有必要参加的其他人员。

委托代理人应当出具由委托人签名或者盖章的授权委托书。授权委托书应当载明委托事项和权限。

参加损害赔偿调解的人员每方不得超过三人。

第九十条 公安机关交通管理部门受理调解申请后，应当按照下列规定日期开始调解：

（一）造成人员死亡的，从规定的办理丧葬事宜时间结束之日起；

（二）造成人员受伤的，从治疗终结之日起；

（三）因伤致残的，从定残之日起；

（四）造成财产损失的，从确定损失之日起。

公安机关交通管理部门受理调解申请时已超过前款规定的时间，调解自受理调解申请之日起开始。

公安机关交通管理部门应当自调解开始之日起十日内制作道路交通事故损害赔偿调解书或者道路交通事故损害赔偿调解终结书。

第九十一条 交通警察调解道路交通事故损害赔偿，按照下列程序实施：

（一）告知各方当事人权利、义务；

（二）听取各方当事人的请求及理由；

（三）根据道路交通事故认定书认定的事实以及《中华人民共和国道路交通安全法》第七十六条的规定，确定当事人承担的损害赔偿责任；

（四）计算损害赔偿的数额，确定各方当事人承担的比例，人身损害赔偿的标准按照《中华人民共和国侵权责任法》《最高人民法院关于审理人身损害赔偿案件适用法律若干问题的解释》《最高人民法院关于审理道路交通事故损害赔偿案件适用法律若干问题的解释》等有关规定执行，财产损失的修复费用、折价赔偿费用按照实际价值或者评估机构的评估结论计算；

（五）确定赔偿履行方式及期限。

第九十二条 因确定损害赔偿的数额，需要进行伤残评定、财产损失评估的，由各方当事人协商确定有资质的机构进行，但财产损失数额巨大涉嫌刑事犯罪的，由公安机关交通管理部门委托。

当事人委托伤残评定、财产损失评估的费用，由当事人承担。

第九十三条 经调解达成协议的，公安机关交通管理部门应当当场制作道路交通事故损害赔偿调解书，由各方当事人签字，分别送达各方当事人。

调解书应当载明以下内容：

（一）调解依据；

（二）道路交通事故认定书认定的基本事实和损失情况；

（三）损害赔偿的项目和数额；

（四）各方的损害赔偿责任及比例；

（五）赔偿履行方式和期限；

（六）调解日期。

经调解各方当事人未达成协议的，公安机关交通管理部门应当终止调解，制作道路交通事故损害赔偿调解终结书，送达各方当事人。

第九十四条　有下列情形之一的，公安机关交通管理部门应当终止调解，并记录在案：

（一）调解期间有一方当事人向人民法院提起民事诉讼的；

（二）一方当事人无正当理由不参加调解的；

（三）一方当事人调解过程中退出调解的。

第九十五条　有条件的地方公安机关交通管理部门可以联合有关部门，设置道路交通事故保险理赔服务场所。

第九节　涉外道路交通事故处理

《道路交通事故处理程序规定》

第九十六条　外国人在中华人民共和国境内发生道路交通事故的，除按照本规定执行外，还应当按照办理涉外案件的有关法律、法规、规章的规定执行。

公安机关交通管理部门处理外国人发生的道路交通事故，应当告知当事人我国法律、法规、规章规定的当事人在处理道路交通事故中的权利和义务。

第九十七条　外国人发生道路交通事故有下列情形之一

的，不准其出境：

（一）涉嫌犯罪的；

（二）有未了结的道路交通事故损害赔偿案件，人民法院决定不准出境的；

（三）法律、行政法规规定不准出境的其他情形。

第九十八条 外国人发生道路交通事故并承担全部责任或者主要责任的，公安机关交通管理部门应当告知道路交通事故损害赔偿权利人可以向人民法院提出采取诉前保全措施的请求。

第九十九条 公安机关交通管理部门在处理道路交通事故过程中，使用中华人民共和国通用的语言文字。对不通晓我国语言文字的，应当为其提供翻译；当事人通晓我国语言文字而不需要他人翻译的，应当出具书面声明。

经公安机关交通管理部门批准，外国人可以自行聘请翻译，翻译费由当事人承担。

第一百条 享有外交特权与豁免的人员发生道路交通事故时，应当主动出示有效身份证件，交通警察认为应当给予暂扣或者吊销机动车驾驶证处罚的，可以扣留其机动车驾驶证。需要对享有外交特权与豁免的人员进行调查的，可以约谈，谈话时仅限于与道路交通事故有关的内容。需要检验、鉴定车辆的，公安机关交通管理部门应当征得其同意，并在检验、鉴定后立即发还。

公安机关交通管理部门应当根据收集的证据，制作道路交通事故认定书送达当事人，当事人拒绝接收的，送达至其所在机构；没有所在机构或者所在机构不明确的，由当事人所属国家的驻华使领馆转交送达。

享有外交特权与豁免的人员应当配合公安机关交通管理部门的调查和检验、鉴定。对于经核查确实享有外交特权与豁免但不同意接受调查或者检验、鉴定的，公安机关交通管理部门应当将有关情况记录在案，损害赔偿事宜通过外交途径解决。

第一百零一条　公安机关交通管理部门处理享有外交特权与豁免的外国人发生人员死亡事故的，应当将其身份、证件及事故经过、损害后果等基本情况记录在案，并将有关情况迅速通报省级人民政府外事部门和该外国人所属国家的驻华使馆或者领馆。

第一百零二条　外国驻华领事机构、国际组织、国际组织驻华代表机构享有特权与豁免的人员发生道路交通事故的，公安机关交通管理部门参照本规定第一百条、第一百零一条规定办理，但《中华人民共和国领事特权与豁免条例》、中国已参加的国际公约以及我国与有关国家或者国际组织缔结的协议有不同规定的除外。

第七章　执法监督

《道路交通安全法》

第七十八条　公安机关交通管理部门应当加强对交通警察的管理，提高交通警察的素质和管理道路交通的水平。

公安机关交通管理部门应当对交通警察进行法制和交通安全管理业务培训、考核。交通警察经考核不合格的，不得上岗执行职务。

第七十九条　公安机关交通管理部门及其交通警察实施道路交通安全管理，应当依据法定的职权和程序，简化办事手续，做到公正、严格、文明、高效。

第八十条　交通警察执行职务时，应当按照规定着装，佩带人民警察标志，持有人民警察证件，保持警容严整，举止端庄，指挥规范。

第八十一条　依照本法发放牌证等收取工本费，应当严格执行国务院价格主管部门核定的收费标准，并全部上缴国库。

第八十二条　公安机关交通管理部门依法实施罚款的行政处罚，应当依照有关法律、行政法规的规定，实施罚款决定与罚款收缴分离；收缴的罚款以及依法没收的违法所得，应当全部上缴国库。

第八十三条　交通警察调查处理道路交通安全违法行为和交通事故，有下列情形之一的，应当回避：

（一）是本案的当事人或者当事人的近亲属；

（二）本人或者其近亲属与本案有利害关系；

（三）与本案当事人有其他关系，可能影响案件的公正处理。

第八十四条　公安机关交通管理部门及其交通警察的行政执法活动，应当接受行政监察机关依法实施的监督。

公安机关督察部门应当对公安机关交通管理部门及其交通警察执行法律、法规和遵守纪律的情况依法进行监督。

上级公安机关交通管理部门应当对下级公安机关交通管理部门的执法活动进行监督。

第八十五条　公安机关交通管理部门及其交通警察执行职务，应当自觉接受社会和公民的监督。

任何单位和个人都有权对公安机关交通管理部门及其交通警察不严格执法以及违法违纪行为进行检举、控告。收到检举、控告的机关，应当依据职责及时查处。

第八十六条　任何单位不得给公安机关交通管理部门下达或者变相下达罚款指标；公安机关交通管理部门不得以罚款数

额作为考核交通警察的标准。

公安机关交通管理部门及其交通警察对超越法律、法规规定的指令，有权拒绝执行，并同时向上级机关报告。

第一百一十五条 交通警察有下列行为之一的，依法给予行政处分：

（一）为不符合法定条件的机动车发放机动车登记证书、号牌、行驶证、检验合格标志的；

（二）批准不符合法定条件的机动车安装、使用警车、消防车、救护车、工程救险车的警报器、标志灯具，喷涂标志图案的；

（三）为不符合驾驶许可条件、未经考试或者考试不合格人员发放机动车驾驶证的；

（四）不执行罚款决定与罚款收缴分离制度或者不按规定将依法收取的费用、收缴的罚款及没收的违法所得全部上缴国库的；

（五）举办或者参与举办驾驶学校或者驾驶培训班、机动车修理厂或者收费停车场等经营活动的；

（六）利用职务上的便利收受他人财物或者谋取其他利益的；

（七）违法扣留车辆、机动车行驶证、驾驶证、车辆号牌的；

（八）使用依法扣留的车辆的；

（九）当场收取罚款不开具罚款收据或者不如实填写罚款额的；

（十）徇私舞弊，不公正处理交通事故的；

（十一）故意刁难，拖延办理机动车牌证的；

（十二）非执行紧急任务时使用警报器、标志灯具的；

（十三）违反规定拦截、检查正常行驶的车辆的；

（十四）非执行紧急公务时拦截搭乘机动车的；

（十五）不履行法定职责的。

公安机关交通管理部门有前款所列行为之一的，对直接负责的主管人员和其他直接责任人员给予相应的行政处分。

第一百一十六条 依照本法第一百一十五条的规定，给予交通警察行政处分的，在作出行政处分决定前，可以停止其执行职务；必要时，可以予以禁闭。

依照本法第一百一十五条的规定，交通警察受到降级或者撤职行政处分的，可以予以辞退。

交通警察受到开除处分或者被辞退的，应当取消警衔；受到撤职以下行政处分的交通警察，应当降低警衔。

第一百一十七条 交通警察利用职权非法占有公共财物，索取、收受贿赂，或者滥用职权、玩忽职守，构成犯罪的，依法追究刑事责任。

第一百一十八条 公安机关交通管理部门及其交通警察有本法第一百一十五条所列行为之一，给当事人造成损失的，应当依法承担赔偿责任。

《道路交通安全法实施条例》

第九十八条 公安机关交通管理部门应当公开办事制度、办事程序，建立警风警纪监督员制度，自觉接受社会和群众的监督。

第九十九条 公安机关交通管理部门及其交通警察办理机动车登记，发放号牌，对驾驶人考试、发证，处理道路交通安全违法行为，处理道路交通事故，应当严格遵守有关规定，不得越权执法，不得延迟履行职责，不得擅自改变处罚的种类和幅度。

第一百条 公安机关交通管理部门应当公布举报电话，受理群众举报投诉，并及时调查核实，反馈查处结果。

第一百零一条 公安机关交通管理部门应当建立执法质量考核评议、执法责任制和执法过错追究制度，防止和纠正道路交通安全执法中的错误或者不当行为。

《道路交通安全违法行为处理程序规定》

第六十三条 交通警察执勤执法时，应当按照规定着装，佩戴人民警察标志，随身携带人民警察证件，保持警容严整，举止端庄，指挥规范。

交通警察查处违法行为时应当使用规范、文明的执法用语。

第六十四条 公安机关交通管理部门所属的交警队、车管所及重点业务岗位应当建立值日警官和法制员制度，防止和纠正执法中的错误和不当行为。

第六十五条 各级公安机关交通管理部门应当加强执法监督，建立本单位及其所属民警的执法档案，实施执法质量考评、执法责任制和执法过错追究。

执法档案可以是电子档案或者纸质档案。

第六十六条 公安机关交通管理部门应当依法建立交通民警执勤执法考核评价标准，不得下达或者变相下达罚款指标，不得以处罚数量作为考核民警执法效果的依据。

图书在版编目（CIP）数据

道路交通执法简明实用手册 /《道路交通执法简明实用手册》编写组编. -- 北京 : 中国法治出版社, 2025. 8. -- ISBN 978-7-5216-5493-6

Ⅰ. D922. 144

中国国家版本馆 CIP 数据核字第 2025QH3529 号

责任编辑：成知博　潘环环　　　　封面设计：李　宁

道路交通执法简明实用手册

DAOLU JIAOTONG ZHIFA JIANMING SHIYONG SHOUCE

编者 /《道路交通执法简明实用手册》编写组

经销 / 新华书店

印刷 / 保定市中画美凯印刷有限公司

开本 / 850 毫米 × 1168 毫米　24 开　　　　印张 / 9.75　字数 / 177 千

版次 / 2025 年 8 月第 1 版　　　　2025 年 8 月第 1 次印刷

中国法治出版社出版

书号 ISBN 978-7-5216-5493-6　　　　定价：35.00 元

北京市西城区西便门西里甲 16 号西便门办公区

邮政编码：100053　　　　传真：010-63141600

网址：http://www.zgfzs.com　　　　**编辑部电话：010-63141809**

市场营销部电话：010-63141612　　　　**印务部电话：010-63141606**

（如有印装质量问题，请与本社印务部联系。）